大前研一通信・特別保存版 Part. IV

慧
KEIGAN
眼

問題を解決する思考

大前　研一
ビジネス・ブレークスルー出版事務局
編　著

ビジネス・ブレークスルー

まえがき

　誰しも怪我をしたり、病気で病院に行った際、医師が診断をするためにレントゲン撮影をしてもらった経験があるかと思います。場合によっては、レントゲンではなくCT（コンピュータ断層撮影）やMRI（核磁気共鳴装置）など、より精度の高い装置を使用して病巣を把握し、治療に役立てたりしています。しかし、もし、その対象がレントゲンなどの装置を使用すべき人（ヒト）ではなく、日本という国家や、目に見えない問題が発生している場合、その病巣（問題）を発見し、更に治癒（解決する）させるのには、どうしたらいいのでしょうか（まさかレントゲンを撮るわけにはいきません！）。

　大前研一は、そういった問題を解決する際のアプローチとして、哲学的思考の重要性を指摘しています。『西洋哲学の歴史を一言で表現するならば、「究極の答えを求めて、徹底的に議論する」というものだ。「国家とは何か」「人間とは何か」という問いへの答えを求めて、多くの人が繰り返し議論してきた。答えが一つに収斂されないことがわかっていても、答えを探し続ける。』、『古代ギリシャでは「人間は何にもわかってない」ということからスタートし、真実を明らかにするためにみんなで知恵の限りを尽くして議論した。現象を羅列しても真実は見えないため、その背景にあるものは何なのか、なぜそういうふうになっているのか、と絶えず考える。』そして、日本の教育制度の欠点に対して、こう喝破します。「哲学的な思考をできる人は多くない。特に、日本の戦後の教育は「答えを自分で探し出す」という教育を放棄してきた。……自分では何も考えることができない　そんな生き方に不安を持っているからこそ、回答を求めて知識を詰め込も

うと、ノウハウ本を次から次へと買う人も多い。しかし、知識やノウハウをいくら詰め込んでも、それはしょせん、他人の意見だ。重要なのは、がぶ飲みするのではなく、自分自身で価値判断をする力だ。」

　書籍のタイトルでもある「慧眼（けいがん）」には、物事の本質を見抜く鋭い眼力、鋭い洞察力という意味があります。大前研一自らが、学長を務めているビジネス・ブレークスルー（BBT）大学、及び大学院などで重視されていることも、この本質を考える、いわば「慧眼」を磨く訓練です。受講生は、具体的なテーマを与えられ、1週間かけて考え抜いた回答を提出します。大前研一自身の結論は、BBTが誇る看板番組*「大前研一ライブ」のRTOCS（リアルタイムオンラインケーススタディ）というコーナーで披露されます。この書籍ではその大前研一ライブを扱った「月刊情報誌：大前研一通信」の掲載記事を中心に、財政破綻、国債暴落、年金問題など、日本の抱える難題に対する大前流の分析、処方箋は、もちろんのこと、ビジネス、政治、経済のRTOCSの事例を、BBTが自社開発した遠隔教育のプラットフォームであるエアキャンパス（AC）というサイバー空間で日々繰り広げられている受講生のコメントとともに一部ご紹介し、その臨場感も垣間見えるように編集構成致しました。

　DVD収録された「大前研一ライブ」の関連映像と併せてご覧頂ければ、まさに「読んで、見て、身につける！」を実感して頂けるのではないでしょうか。是非、本書をお読みになり、自分自身で価値判断をする力を磨き、問題の現象ではなく、本質を常に問い続けるという思考トレーニングの重要性を感じ取って頂ければと思います。

［大前研一通信　小林 豊司］

*「大前研一ライブ」：世界、日本で起こった1週間の様々なニュースを大前研一が、独自の視点で解説するBBT創業時からの大人気番組。

この書籍において読者の皆さんが触れることができるもの。

　それは大前研一という人間が「目の前に提示された問題に対してどのような筋道で考えるのか。」という思考の流れ、そしてその根本にある問題意識です。問題意識とは言いかえれば今の日本、とりわけ企業の業績が10年以上にもわたり低迷を続けているその原因のことです。

　現代のビジネス社会においては「唯一の絶対解」というものは存在しません。また一つの正解例すら教えてくれる人もいません。誰も正解を知らない中で解決を図ろうとすれば、それは自分自身で徹底的に考えぬき答えを導き出す以外ないのです。おそらく賢明な読者のみなさんは、問題が起こった時、それが大きなことであろうと些細なことであろうと、半ば本能的に解決しようと考えるはずです。しかし結果としてなかなか解決できないというケース、あるいは一つの結論としての解決策を思いついたが自信が持てず、実行まで至らないというケースもあるでしょう。それはなぜでしょうか？

　その理由の一つは問題を解決するための思考法、つまり問題解決力を身に付けていないからです。問題を解決するための基本的な考えの「型」が自分のなかに出来あがっていないからです。数字を中心とする事実に基づいた分析力と論理的思考力は問題解決力の中核を成す「力」です。これらを駆使し、自分自身で答えを出す力を身に付けることができれば、今まで解決できなかった問題に対して、どう考えればよいのかがきっと見えてきます。

　本書では具体的な例をみながらこの問題解決力を用いた思考の流れを追うことができます。それらを読み自分もこのような考え方が出来るようになりたいと思われた方は是非、トレーニングプログラムの門を叩いてください。

[問題解決力トレーニングプログラム　板倉 平一]

目次　大前研一通信特別保存版 Part IV『慧眼』問題を解決する思考
　　（◎：ＤＶＤに関連映像コンテンツを収録）

まえがき　▶1

第1章：教育・ビジネス編

1. 日本を蝕む「リスク放置」症候群　▶9

2. 日本人に一番欠けていること　▶16

3. 哲学的思考力の鍛え方　▶28

4. 楽ユニ・ショック◎　▶33

第2章：経営戦略編

1. イオンの葬儀ビジネス◎　▶35
　〈RTOCS：リアルタイムオンラインケーススタディ事例①〉
　　大前経営塾 エアキャンパス（AC）の発言より　▶47

2. トヨタなら構築できる住宅の世界最強モデル◎　▶51
　〈RTOCS：リアルタイムオンラインケーススタディ事例②〉
　　BBT大学大学院 エアキャンパス（AC）の発言より　▶64

第3章：政治・経済編

1. 日本国債暴落・デフォルト危機！　▶67

① もはや国債の発行余力を失った日本政府◎　▶67
② 国が国民の資産を没収⁉ 国がたくらむ日本の財政破たん回避策◎　▶74
③ ギリシャ、財政再建へ国土売却⁉◎　▶78

④ 日本は国債暴落を防ぐための最後の修羅場へ◎　▶82
⑤ 日本の資産600兆円は砂上の楼閣に過ぎない◎　▶87

2. グレートソサエティー（偉大な社会）を目指せ！　▶97

① 英キャメロン首相の「大きな社会」構想に注目　▶97
② イギリス・キャメロン首相のbig society発言
　　　　　あなたが「菅直人」首相だとすればどうする◎　▶101
　　〈RTOCS：リアルタイムオンラインケーススタディ事例③〉
　　　BBT大学大学院 エアキャンパス（AC）の発言より　▶115

3. 年金問題　▶118

① 共通番号制度の導入検討へ◎　▶118
② 信頼できない年金にした「識者」と官僚の罪◎　▶122
③ コモンデータベース法　▶127

4. 道州制への道　▶143

① 富を生み出す道州制への道—九州をモデルケースに◎　▶143
　　〈RTOCS：リアルタイムオンラインケーススタディ事例④〉

第4章：観光編

1. もしも私が観光庁長官だったら◎　▶159
　　〈RTOCS：リアルタイムオンラインケーススタディ事例⑤〉
　　　BBT大学大学院 エアキャンパス（AC）の発言より　▶175

2. 観光庁が外国人向けにスマートフォンで情報提供へ◎　▶176

■ＤＶＤ収録映像コンテンツ：大前研一 LIVE 秘蔵映像〜慧眼編〜（約120分）

第1章：教育・ビジネス編
◎楽ユニ・ショック（大前ライブ547）

第2章：経営戦略編
◎イオンの葬儀ビジネス（大前ライブ548：RTOCS①）
◎トヨタなら構築できる住宅の世界最強モデル（大前ライブ516：RTOCS②）

第3章：政治・経済編
　　［日本国債暴落・デフォルト危機！］
◎もはや国債の発行余力を失った日本政府（大前ライブ529）
◎国が国民の資産を没収⁉ 国がたくらむ日本の財政破たん回避策（大前ライブ538）
◎ギリシャ、財政再建へ国土売却⁉（大前ライブ546）
◎日本は国債暴落を防ぐための最後の修羅場へ（大前ライブ548）
◎日本の資産600兆円は砂上の楼閣に過ぎない（大前ライブ556）

◎グレートソサエティー（偉大な社会）を目指せ！（大前ライブ551：RTOCS③）

　　［年金問題］
◎共通番号制度の導入検討へ（大前ライブ529）
◎信頼できない年金にした「識者」と官僚の罪（大前ライブ552）
　　［道州制への道］
◎富を生み出す道州制への道―九州をモデルケースに（大前ライブ448：RTOCS④）

第4章：観光編
◎もしも私が観光庁長官だったら（大前ライブ530：RTOCS⑤）
◎観光庁が外国人向けにスマートフォンで情報提供へ（大前ライブ547）

※大前研一が語る問題解決力（問題解決力トレーニングプログラム）（約10分）

第1章 教育・ビジネス編

1. 日本を蝕む「リスク放置」症候群

●なぜ、日本人は「最悪」を想定しないのか

　日本人が民族的特性といっていいほど苦手にしているのが、最悪の事態を想定して、それを避けるために何をしなければいけないかを考える「リスク管理」の思考法である。

　英米のアングロサクソン系や北欧の人々は、「What' If〜？（もし〜だったらどうするのか？）」という仮定法による論理的な応答が、日常の会話にも頻繁に出てくる。言語学的にも「このままだとこう

なるから、そうならないためには」という議論をしやすい。

たとえばアメリカでは、オバマ政権が最重要課題に掲げた国民皆保険制度が大きな議論になった。この制度で財政が破綻するというのは、10年も20年も先の話で今すぐではない。それに天変地異のごとく驚かれたオバマプランでも、新保険が適用される人は10％も増えない。それでも「What' If〜？」の議論をして「今はこうしよう」と答えを共有していくのだ。

　イギリスやドイツの財政赤字は日本に比べればはるかに「軽傷」だが、最優先順位で取り組んでいる。メルケル独首相など、財政が正常でない国の偽りの景気刺激による成長は結局破滅への道！　と喝破している。G8（主要8カ国首脳会議）で両方が必要と言った菅直人首相とは思考の深さにかなりの違いがあった。キャメロン英首相も厳しい予算に急遽切り替えて国民を説得し始めている。リーダーは最悪の事態にならないように舵を切るという、お手本を見た思いだ。国民が受け入れるかどうかは未知数だが、国民の世論調査を見ながら発言を修正するのならロボットでも首相が務まる、ということだ。

　原爆を落とされるまで戦争を止められなかったのが日本人の性だ。悲劇的な結末が見えていながら、なお「なんとか打開しよう」とは考えない。日本人は、原爆のおかげで戦争が早く終結、多くの日本人の命も救われたというアメリカの言い分に頭から反発する。だが「こうすれば原爆を落とされずに戦争を終わらせることができた」という日本人に、私は会ったことがない。

　「What' If〜？」は企業のマネジメントにとっても重要だ。最悪の事態を想定して、事が起きる前に直す。企業の場合、事が起こっ

てしまえば売却先さえも見つからずに全員が路頭に迷うことになる。事が起きる前に社員に危機感を持たせる。最悪と言われる選択肢でも敢えて取る。それがいい経営者であり、リーダーの役割である。

　JAL（日本航空）が破綻する前にやることはたくさんあった。社員数も給料も年金も3分の1にし、路線を4割カットしたのは破綻後。今になって「前泊」をやめる、とかパイロットがタクシーで空港に向かう制度をやめた、と言っている。競争力なき組織構造に決定的な問題があるのに、今さら全体をカンナで削ったところで、立ち直る可能性は極めて薄い。JALはもう一度潰れることになるだろう。それがわかっていながら、失敗が誰の目にも明らかになるまで引っ張る。国交省も会長として乗り込んだ稲盛和夫さんも経営陣も国民もズルズルいってしまう。

　世界の航空業界は一変している。血税を投入する前に、トップクラスのエキスパートを呼んできて診断させ、再生可能か、可能とすればどこをどう直すべきか、調べてもらってからにすべきだ。天下の稲盛さんといえども航空業界は初めてだし、世界標準を社員からの「ご進講」で学んでいても判断を誤るだけだろう。

　「What' If〜？」の欠如は個人にもいえる。たとえば「国債」の問題。私がデフォルト（債務不履行）の危険性を何度警告しても、「そんなことはないでしょう」と経済学者までもが言う。暴落のリスクを承知しながらズルズルと乱発、消化し続けている。そして暴落した後、皆できっと言うのだ。

　「ほら、言ったじゃないか」と。

　なぜ日本人は「What' If〜？」の思考法が不得手なのか。理由は

2つ考えられる。1つは、1000年以上にわたり中国や欧米から文明を受け入れてきたため、自分でゼロから考えなくても、どこかに存在しているはずの答えを見つけてくればいいことに慣れきってしまったこと。日本人にとって答えは考えるものでなく、探すものなのだ。

　もう一つは、日本特有の言霊(ことだま)信仰。悪いことはなるべく考えない。言ったら本当にそうなってしまいそうだから口にしない。言霊に対する畏れが日本人のDNAに組み込まれていて、最悪の場合を考えることを避けて通るクセがついてしまったのではないか。

　それを助長させたのが日本の教育だ。「What' If～?」の思考法どころか、親にも先生にも上司にも楯突かない、質問もしないような従順な人材を画一的に大量生産してきたから、考えればわかる理屈すら考えようとしない日本人ばかりになってしまった。それがひたすら大衆迎合の日本の政治や、恥ずかしいほどの外交の弱さにつながっているように思える。小渕恵三内閣の官房長官を務めた野中広務・元自民党幹事長の暴露で明らかになったように、マスコミが広く官房機密費で汚染されており、政府にとって都合の悪いことは伝えなくなっている。真実を伝えないマスコミにいいように操作されて怒りを持たなくなった漂流する大衆、というのが今の日本の姿なのだ。

●民主党が墓穴を掘った⁉「普天間基地」問題の初動

　損得を考えて行動することを「打算的」というなら、国益の損得を考え尽くさない日本の外交というのは、まったく打算的ではない。

「北方領土」の問題も、北方四島を実効支配しているのはロシア。では、力尽くで取り返そうとしたらロシア相手に勝てるかといえば、誰も勝てるとは思わない。ならば二島だけでも返してくれるなら儲けもの、さっさと日露平和条約を結べばいい。そうすれば、シベリアで大掛かりなエネルギー開発をできるし、ツンドラ地帯に日本の使用済み核燃料を保管してもらうことも可能。北朝鮮を背後から脅かしてもらえば日本の国防費も削減できる。得することが指折り数えられるのだ。

　外務省は四島一括返還にこだわって、平和条約は戦後60年以上経っても締結されていない。そもそも日本が無条件降伏して当事者能力を失っているときに、戦勝国であるアメリカと旧ソ連の間で北方領土の割譲が決められたわけで、日本固有の領土という言い分は通用しない。ロシア（旧ソ連）はサンフランシスコ平和条約（1951年締結）にサインしていないから、領有問題を国際的な調停機関に持ち込んでも答えは出てこない。結局、実効支配しているほうが強いのだ。だったら二島（あるいは面積等分で三島＋択捉（エトロフ）の3分の1）でも返してくれるのなら返してもらって、次のステップに進んだほうが建設的だし、メリットも大きい。

　「普天間基地」の問題も理を尽くして国民に説明していれば、首相が交代するような問題にはならなかったはずだ。

　まず、沖縄がアメリカから日本に返還されたときの協定（71年）を思い出してほしい。返還の唯一の条件は、米軍が今まで通りに基地を使えることで、当時の佐藤栄作首相はそれで結構ですとサインをした。今まで通りということは、当然、沖縄の米軍基地に核が持ち込まれるわけで、密約はあったに決まっているのだ。そういう条

件でサインをしたから沖縄は返ってきた。その条件を呑まなかったら沖縄は返ってこなかっただろう。それで日本は損をしたのかといえば、やっぱり得をした。密約から何から洗いざらい国民に説明しても国民は怒らなかったと思う。

　普天間基地の移設問題も、市街地に隣接、ヘリが墜落したりして危ないからどこか近くの代替地に移設しましょうという話で、そもそも沖縄の負担軽減云々という問題ではなかった。

　日本は憲法上、攻撃力を持つことはできない。そこで旧自民党政権は国民には「専守防衛」と言いながら、米議会の承認を必要とせず、米大統領の命令で動く米海兵隊という大きな攻撃力を沖縄に置くことで抑止力にしてきた。

　5年ほど前、アメリカが沖縄の海兵隊をすべてグアムに撤収しようとしたとき、「このままいてください」と言ったのは自民党政権。今の場所は具合が悪いから、こちら（辺野古）に移ってくださいとお願いしたのである。また防衛庁（当時）は、いずれ海兵隊がグアムに集結することを知りながら辺野古に巨大な代替地をつくらせている。これも返還が決まっている嘉手納の後に使うことを想定し、「いずれは自分たちの！」と考えているからにほかならない。だから鳩山由紀夫前首相が突然、「最低でも県外」と言い出して一番ビックリしたのはアメリカだったはずだ。

　普天間のような問題が複雑怪奇にこじれてしまうのは、国防や安全保障の問題をタブー視してきちんと議論してこなかったからである。つまり、「海兵隊という攻撃力が日本からいなくなったらどうするのか」という最悪の事態を考えてこなかったのである。

　思えば民主党が政権をとったときが千載一遇のチャンスだった。

「我々は米軍に出ていってもらうことを前提に選挙を行い、7割の議席を得た。あなた方は出ていくべきで、どこに行くかも自分で決めてください」と最初に言えば、アメリカも襟を正して交渉の席を設けただろう。口先だけで腹が据わっていない外交だから、アメリカにバカにされる。もちろん外務省も防衛省も、裏では民主党の足を引っ張ることに大いに暗躍したに違いない。

　全人口の1％強しかいない沖縄に「国家税収の3％を渡すから、自分たちで経済も外交も防衛もやってみろ」と下駄を預けたらどうなるか。国から頼まれるから約束違反と騒ぐのであり、自分たちで自分たちの将来に関するすべてに決定権があったら、沖縄の人たちは頼りにならない自衛隊より米軍に「いてください」と言うかもしれない。

　こうした発想をするための訓練が教育のベースにないから、基地問題のような課題がいつまで経っても堂々巡りで、際限なく金もかかるのだ。

（プレジデント 2010/8/2号「大前研一の日本のカラクリ」）

2. 日本人に一番欠けていること

　4月3日（2005年）、新しい専門職大学院「ビジネス・ブレークスルー大学院大学（BBT大学院）」を開学できた。私が学長になり、生徒を直接指導し「ビジネスにインパクトを与える人材」を育てていく。この大学院の新しい点はいくつもあるが、一つはサイバー・ネットワークを駆使した遠隔教育である。学生達はいつでもどこからでも授業を受け、議論に参加し、企業に在籍したままMBA（経営管理修士）を取得できる。

　米国などに社員を留学させる制度を持っている経営者の多くは「高い金を出してMBAを取らせても頭でっかちになるだけで明日の仕事に少しも役に立たない」と言う。しかし、最近の日本で話題となっている三木谷浩史さん（楽天）、新浪剛史さん（ローソン）、南場智子さん（DeNA）といった経営者は皆、ハーバードビジネススクールでほぼ同時期にMBAの勉強をしていた人たちである。要は使い方、チャンスの与え方であり、またリスクをとる生き方をする人物かどうか、という個人差の問題でもある。

　ただ、MBAが行きづまり、社長に「役に立たない頭でっかち」と言われるのはもっともな面がある。それは、欧米のビジネススクール、それをまねた日本のビジネススクールの問題であって、三点ほど挙げられるだろう。

一つはハーバードに代表されるケースメソッドが今の時代に合わなくなっている、と言う問題である。ケースとなったほとんどの企業が、クラスで討議する頃には潰れていたり、買収されていたり、不祥事で消滅、という時代になった。

　もう一つの問題はフレームワークを中心に教える点である。今日、世界のどのビジネススクールも、ポーターのバリューチェーンやバーニーのリソースベースのフレームワークを教える。私が『企業参謀』という著書で展開した"三つのC"に基づく戦略立案方法を教えているところも多い。しかし、シスコシステムズやデル、そしてグーグルとつづく破壊力のある新興企業を見ると、すべて従来の枠組みを踏み外したところからスタートしている。フレームワークの中でしか発想できない人間は現代の経営者としてまったく不適格、ということになる。

　三つ目は先生の問題である。先生とは、うまくいっている企業を外部から観察し、その共通項を見つけて、それを教室で教える商売である。自分で新しいものの見方や仕事の仕方を考える起業家とは異なる。したがって、今のビジネス社会の動きから数年遅れてしまう。これから先数年後の世界を見ながら企業の設計をしなくてはいけない事業家を養成する力はない。若い人にとってはむしろ、今現在事業を手がけている人々の生の声を聞き、刺激を受けて学んだほうがはるかにためになる。

●新しいプログラムを作る

　しかし、ビジネススクールの問題は対処不能な問題ではない。時

代に合わせて教育の手法やコンセプトを変えればいいのだ。要は、今の世の中で役に立つ、かつ新しいものも生み出せる、インパクトのある人間を輩出する、という目的に対してすべてのプログラムを見直せばいい。

　ビジネスインパクトのある人材とは何か。それは「自分で物事を見て分析し、考え、構築でき、また新しいものを構想し、それを事業として生み出していける人材」である。論理的な思考をもって世の中の事象を腑分けし、本質的な問題を見つけ出す。その上で本質的問題を解く解決策を立案し、責任をもって実行する。企業で、いや我々の国で今、切望されているのはこうした人材である。技術者であっても同様であり、技術の道を極めることとは別に、新しい製品や技術を創造する力が求められる。

　BBT大学院の学生には、何よりもまず、論理的に考え、発言し、議論できる能力を身に付けてもらう。そのために私が戦略コンサルティング会社のマッキンゼーにいた時に開発し、その後も磨き上げてきた「問題解決手法」を徹底的に仕込んでいく。

　それに加え、世界が、経済がどうなっていくのかを示す「新・経済原論」を学んでもらう。こちらも私が四十年近いキャリアを通じ、一貫して考え続けてきたことを、若い人達に伝えるものだ。新しい構想を描ける人材は、世の中がどうなっていくかについて知見を持たなければならない。それが私の言う新・経済原論であり、21世紀を支配する経済の底流に流れる力を肌で感じることである。そうした知見のもとに、国家、企業、組織、家庭、個人の新しい像を描いていくことが求められる。

◉ 21世紀を展望する

　新・経済原論は21世紀の新しい繁栄の方程式である。ごく簡単に言うと、経済やIT（情報技術）、ネットワークのボーダレス化が進むことにより、国民国家は終焉し地域国家の時代になっていくということだ。日本に適用すれば道州制である。ボーダレスになると、一番魅力的な地域に資本と人と情報が流れ込み、その地域が繁栄する。一方的な輸出とか、国債を通じて子孫から借金するといった、昔のやり方で繁栄を目指す時代はとうに終わった。

　魅力的な地域を作るには、供給側の論理ではなく、生活者の視点から、あらゆることを見直し、構築し直す必要がある。世界で最もよくて安いものが消費者によって選択される、ということである。また、税金や子孫からの借金である国債で経済を刺激するのではなく、世界中で有り余っている資金を導入しやすくすることによって、他人の力で「繁栄を呼び込む」ことに成功の鍵が移ってきている。

◉日本の弱点は論理の欠如

　日本にまつわる数々の問題が指摘されて久しい。改革しようという声もかねてより聞かれるが、まるで何も変わらない。私に言わせれば、日本の弱点は「論理思考に基づいた建設的な議論ができないこと」である。問題を論理的に分析していないから、解くべき問題の設定からして間違っていることが少なくない。道路公団の民営化などがその典型だ。「有料道路は国道として20年経てば無料にする」

という法律が本来あったのに、このことを初期の議論から外してしまったために、それ以降多くの議論が行われたものの、本質的な論点が欠如したまま間違った方向に行ってしまった。こうした環境下で本質的な解決策を議論しようとすると、今度は事実や論理を超えた感情的反発が出てくる。

事実に基づいた全うな議論ができないというのは、ボーダレスの時代にあって、大変不利な国民性と言わざるをえない。日本企業の会議に出た人なら経験があると思うが、議案について事実に基づく分析をベースに理詰めで議論を戦わせることが極めて少ない。ある人の意見に反対しようとすると、お互い感情的になり喧嘩腰になってしまう。だから表面上だけ波風が立たない会議にしようとする。しかし意見の一致などしていないから、会議が終わると仲良し組に分かれてそれぞれ飲みに行き「あいつはけしからん」などと批判し合っている。

しかし「日本人だから仕方がない」などと言っている場合ではない。私は、改革意欲と危機意識を持つ若者が真剣に勉強すれば、次世代を担える能力、世界のどこに行っても通じる論理的議論ができる能力を身につけることができると思っている。

ここでいう勉強とは、頭を徹底的に使って考え抜くことを指す。私の表現では「頭で汗をかく」と言うことになる。残念ながら日本の若者はこうした訓練をほとんど受けないまま、社会に出てしまう。もともとの国民性に加え、成長過程でそうした能力をまったく磨いていないのだから、日本人の多くが世界で通用しないのも無理はない。

「日本人は語学力が不足していて世界ではなかなか通用しない」

とよく言われているが、私はそれ以前の問題として、事実に基づく分析力と論理的思考能力、この二点に関する能力開発が不十分だと思っている。しかし、私がマッキンゼーで五百人以上の人材を教育した経験から、これらは十分トレーニングすれば開発可能な能力であると断言できる。

BBT大学院の特徴は、今、世の中で進行している事例を使って、激しい議論をする点である。ケーススタディが陳腐化するという問題に対して、私はオンラインかつリアルタイムで進行中のケースを教材とすることで答えるつもりだ。

●当事者として考えさせる

事例を解釈するのではない。自分の頭で「自分が当事者であったらどうするか」を真剣に考え抜くのである。こんな質問を私が投げることもある。「不祥事で揺れている某社の社長になってほしい、とヘッドハンターがやってきた。どうするか」と。某社には当然実際の名前が入っている。

すると彼らは彼らなりに情報を集めて「引き受ける」「受けない」と回答する。中には調べが足りないのか、向こう見ずなのか、「社長を受けます」という学生が出てくる。そこですかさず「社長に就任して最初の一カ月間の日記を全部書け」と指示する。彼らなりに想像力を働かせて日記を書いてくるが、はっきり言って穴だらけである。この日記をもとに「そんなことを初日にやるようではだめだ。むしろ××をしないとまずいのではないか」と議論がさらに広がる。

一連のクラスルームのやりとりは「エアーキャンパス（AC）」と

いう自社開発のサイバー空間上で行う。私が議論をどんどんふっかけるし、学生同士でも議論を戦わせる。「私も同意見です」という発言は禁止である。これは「思考停止」の表明に過ぎない。思考停止発言をした学生には私がすぐに「『私はあなたの意見に反対です』という書き出しで文章を書き始めろ」と指示する。頭を鍛えるのが目的だから、本当は賛成と思っていても、あえて反対のための論拠を考えてみるのも訓練である。

　最初のうち、学生達はなかなか反対意見を論理立てて言えない。無理もない。小さい頃から母親に「忘れ物はない？学校の先生の言うことをよく聞くように」と言われて学校へ送り出されてきたからだ。学校でも、答えが必ずある問題を解かされ、結果が分かっている事例を暗記させられてきた。一方、私は自分の子供達に「先生の言うことだけは聞くな」と送り出してきた。先生に反抗しろ、という意味ではもちろんない。異なる意見を常に尊重し、また自分の意見を持つ訓練をしろ、というメッセージであった。

　毎週一回、一つの事例を考えると、1年間続ければ百近い現在進行形の事例を必死で考えたことになる。これだけやると文字通り、別人になる。テーマを与えると、瞬く間に情報収集し、解決策のアイデアを出し、論理立てて説明できるようになる。BBT大学院が開学して6週間ほどでも、すでに学生達は変わってきた。学長として私は彼らに「まだ始めて間もないが、随分光ってきたじゃないか」とメッセージを送った。おそらくすべての参加者がそう思っているのではないだろうか。

◉フレームワークは壊すもの

　私は10年前の1995年から、人材育成の仕事に力を入れ始め、起業家を育成するアタッカーズ・ビジネス・スクールを作るなどして、構想力、企画力、事業計画など広範な問題解決手法を教えてきた。また、アメリカの南カリフォルニア大学（USC）やオーストラリアのボンド大学などと提携して現地のMBAを取得するプログラムも提供してきた。今回、あえて日本の文部科学省の認可を得た大学院を新設した理由はいくつかある。

　すぐに役に立つ問題解決手法と21世紀の新・経済原論の両方を教えることを考えると、正規の大学院の枠組みが望ましいと考えていたとき、構造改革特別区域法により、東京都千代田区に教育特区ができ、株式会社でも学校を設置できることを知った。そこで名乗りを上げたわけだ。株式会社が設置した学校でMBAを取得できるようにしたのは、BBT大学院が初めてである。

　もちろん、構想力と実践力を身に付けることが目的であって、MBAの取得そのものは目的ではないのだが、日本人は資格が大好きである。MBAをとるというと、死にものぐるいで取り組む。私はBBT大学院に来てほしいターゲットを、30代から40を過ぎたあたりの働き盛りのビジネスパーソンや、医者や弁護士などのプロフェッショナルと設定している。30歳を過ぎてから、ストレッチしてもらうには「MBA取得」という目標（ゴール）を見せたほうがいいと判断した。

　こうした人々はかなり多忙なので夜や週末にがんばって参加で

きるように、日本初のサイバー教室とした。海外に出向している人であっても参加できるというメリットがある。現にこの4月の第一期入学者のうち、10％が海外からの参加であった。平均年齢は38歳で、会計士や医師などの資格を持ったプロフェッショナルが44％もいた。

　MBAを取得するまでには、先の問題解決方法と新経済原論だけではなく、経営戦略、財務会計、マーケティング、組織人事、コンプライアンス、M&Aの実務、といったテーマも一通り学んでもらう。ただ、こういったことはビジネスをするための共通言語であり、必要ではあるが十分ではない。

　例えば、MBAの戦略論と聞くと、著名な教授やコンサルタントが作ったフレームワークを思い浮かべるだろう。私も戦略論の冒頭で「フレームワークにはこんなものがある」という知識は教える。しかし授業の残り九割の時間はフレームワークの破壊に費やす。これは当然であり、新しいことを構想する人を育てるのが目的なのだから、別の誰かが作ったフレームワークに従って考えているようではダメなのである。フレームワークだけを知識として学んだ人は最初から頭がフリーズしてしまう。そういう人は負け犬と同じだ。フレームワークを振り回す人は、自分の考えではなく他人の考えで物事を解釈するから、自分の事業を永遠に構築できない。

　MBA教育で扱う他の知識も同様だ。知識は確かに必要なのだが、それだけを振り回しても無意味である。先人の知見を知った上で、さらに自分ならどうするのかを考えなければならない。

◉外に出られぬエースを鍛える

　「自分で考える」訓練をもっとも必要としているのは誰か。それは私がターゲットと見ている、大企業に勤める三十代のエース社員である。彼らは全員仕事の鬼である。だが新しいことを考え、実行する力、すなわち経営力と呼ばれる「金棒」を持っていない。

　彼らは本来、極めて優秀であるが、MBAをとることはできない。なぜなら日本企業の現場は、一番できるエースを決して離さないので、二年間海外へ留学するなどということは本来不可能なのである。

　その優秀な彼らが今、もっとも大変な状況にある。大企業に入って10数年が経過すると、せっかくの能力が大企業の鋳型にはめられてしまい、おかしな形に固まっていく。ボーリングに例えれば、エースの彼らはすでにガーターである。このまま進んでいけばそれなりに出世するかもしれないがピンは一本も倒せない。

　BBT大学院の授業のほとんどをサイバー空間上で行えるようにしたのは、彼らのような現場を離れられない人達、そして医師や会計士などのプロフェッショナルに参加してほしかったからだ。私が10年がかりで用意した四千時間に及ぶコンテンツは、ぜひ他の大学院でも使ってもらいたいと思っている。

　先日、ある国立大学の学部長がBBT大学院に見学に来られ、私とまったく同じ問題意識を表明されていた。「大学院教育というと、学部から上がってくる学生のことばかり考えていた。10数年前に送り出した学生達が今どうなっていのか、大学として責任がある。彼らをもう一回、教室に呼び戻したい」。そして21世紀の経済社

会でも通用する新しいツールを再取得してもらいたいと言うのである。

　これはいわゆる生涯教育ではない。今の世の中の変化が余りにも急激であり、多忙な日常ではまとめて新しいことを吸収する機会がないままズルズルと流されていくのを何とか食い止めたい、ということである。すべての学校にとって、卒業生に対するアフターケアが必要な時代になって来た。

●「戦略思考」は虎の皮

　ご記憶の方もあるかもしれないが、私は一九九五年に東京都知事選挙に出たものの見事に落選した。戦略コンサルタントとしての私の能力をすべて注ぎ込んで、東京都の問題を論理的に分析し、解決策をまとめ、それら全体を文芸春秋で世に問うた上で、立候補したのだが、言いたいことを言ってしまう私の性格は政治家に不向きであったのか、都知事にはなれなかった。圧倒的多数で当選したのは「都政から隠し事をなくします」の一言をポスターに書き込んだ青島幸男さんであった。

　選挙に負けた経緯は「大前研一敗戦記（文芸春秋）」という一冊の本に書いてしまったので、いまさらどうこういうつもりはない。ただし、私の提案について特段の議論が起こらず、かといって対案も出ないまま、落選した点については釈然としなかった。当時、記者団から「大前の言っていることは小難しくてよく分からない。要は誰と組むのか」と言われたことを今でも覚えている。彼らは戦略にも分析にも興味がなく、ひたすら政局とスローガンを追い求めるの

だった。

　敗戦経験から私は、論理的に議論ができ、かつ、この国をよくする政策をたてられる人材が不足していると痛感した。そこでこうした人材を育てる仕事を中心に据えようと考え、ギアチェンジをした。また、起業家養成や経営管理者の教育を通じて日本全体の能力アップに貢献したいと思った。

　私は原子力の技術者、経営戦略コンサルタント、経営者、と様々な仕事をしてきたが、事実に基づく分析、論理的思考による問題解決、という方法論は一貫して使ってきた。私はこの方法論が正しいと信じている。また人生を生きていく上でとてつもなく有用だ、と実感している。最近ではマッキンゼーはじめ、アタッカーズ・ビジネス・スクールや一新塾などの卒業生が大活躍する状況となっており、それがまた私の自信となっている。

　だからこそ、戦略、論理、分析といった問題解決の方法論を一人でも多くの人に身に付けてもらいたいと思っている。実は「何人育てよう」という目標値もあるのだが、恥ずかしいので表だって言わないようにしている。「虎は死んで皮を残す」と言う。私の考え方と方法論を思い切りばらまいてから死のうと決めている。

（日経ビズテック No.007 2005/6/26）

3. 哲学的思考力の鍛え方

　西洋哲学の歴史を一言で表現するならば、「究極の答えを求めて、徹底的に議論する」というものだ。

　「国家とは何か」「人間とは何か」という問いへの答えを求めて、多くの人が繰り返し議論してきた。答えが一つに収斂されないことがわかっていても、答えを探し続ける。「どれだけ多くの人を納得させられる答えを出せるか」を競い合う一種の知能ゲームと言ってもいい。

　優れた哲学者は、どのような環境にあっても、驚くほど普遍的な論考をしてきた。カントはドイツの中心からは遠く離れたバルト海に面したケーニヒスブルクという小さな町で生涯を過ごしたが、あれだけ普遍的な論文を書いた。一方で、ギリシャ哲学は非常に優れてはいるものの、奴隷制を前提としたアテナイ人だけのための哲学であり、その意味では大きな欠点を抱えていた。

　私自身も、「大前さんの論考には普遍性がある」と評価されることが多い。故・司馬遼太郎さんと対談をした際には、「あなたの本には一貫した自分の哲学がある。まるで貝原益軒（多くの教育書、思想書を著した福岡藩士）のようだ」と随分と高く評価されたことを思い出す。特に「哲学」を意識したわけではないが、顧みると、確かに「哲学的思考」をしてきたのだと思う。グローバルな視点を持つ

ように努めたため、地域や時代に縛られない普遍的な内容を著作にまとめることができたのだ。

たとえば、『マインド・オブ・ザ・ストラテジスト（企業参謀）』『ボーダレス・ワールド』『リージョン・ステート（地域国家論）』など、日本以外に欧米でも長く売れ続けている本が多いが、これは地域、時代に縛られない普遍的な内容が書かれているからだ。今では中国やインドなどでこれらの本が売れている。

●ノウハウのがぶ飲みはまったく意味がない

もちろん、哲学的な思考をできる人は多くない。特に、日本の戦後の教育は「答えを自分で探し出す」という教育を放棄してきた。だから学生は文科省の指導要領を丸覚えする。最近ではインターネットで「ウィキペディア」のようなものを検索して、それを鵜呑みにしてしまう人が増えている。ウィキペディアで「正義」「愛国心」などと検索すれば答えが出てくるので、それをがぶ飲みする。これでは、自分では何も考えることができない薄っぺらな人間になってしまう。

そんな生き方に不安を感じている人も多いはずだ。もはや国に任せておけば安心とは言えないし、会社の指示どおりやっていれば人生設計できる時代でもない。不安を持っているからこそ、回答を求めて『もしドラ』のような本がミリオンセラーにもなる。知識を詰め込もうと、ノウハウ本を次から次へと買う人も多い。哲学についてわかりやすく解説した本が売れているのも、そのためだろう。

しかし、知識やノウハウをいくら詰め込んでも、それはしょせん、

他人の意見だ。私に言わせれば、これはまったく意味がないことだ。重要なのは、がぶ飲みするのではなく、自分自身で価値判断をする力だ。私が学長を務めているビジネスブレークスルー大学院大学で重視しているのも、本質を考える訓練。具体的なテーマを与えてそれを1週間かけて七転八倒で考えてもらう。「みんなの党の渡辺喜美だったら次の衆院選までに何をするか」

といった政治マターから、「佐藤錦をつくる山形県のJA幹部だとしたら何をするか」といった経済マターまで。こうしたケーススタディをこなしていくと、「本質」を考える哲学的思考が徐々に身に付いていく。

入学当初は「自分はドラッグストアに勤めているので、食品スーパーには関心がない」とか、「すぐに使えるようなデータや数式を教えてほしい」などと言う生徒も多いのだが、これを徹底的にたたき直している。

●現象を追うのでなくつねに本質を探究する

1980年代の自分自身の仕事を振り返ると、マッキンゼーで企業のコンサルティングをする傍らで、毎日のように「これからの国家はどうなるか」と自問し続けていた。普通のコンサルタントであれば、目の前にあるたくさんの「現象」を追い続けるだけ。しかし、私は大学、大学院で原子力工学などを学び、10年近く原子炉設計をやっていたこともあり、「理論」「定理」として説明しなければ納得できなかった。

そんなときに、米国の保険会社であるシグナが保険請求業務作業

をアイルランドでやっていると聞き、すぐに現地へ見に行った。関心は一点。「国境はどうなるのか」だ。普通の人の視点は、コンピュータをどのように配置しているか、というようなことなのだが、そんなことに関心はなかった。

ここで「本質」が見えた。今まではイギリスのヨークシャー地方では羅紗をつくりポルトガルではワインをつくる、という国際分業の効率性を提唱したディビッド・リカードの世界だった。しかし電話線を通じて雇用が簡単に国境を越えてしまう時代が訪れたのだ。もう、関税や出入国統計は意味を持たなくなる。テクノロジーの進歩により150年以上続いた国民国家という概念が崩壊すると確信し、89年に『ボーダレス・ワールド』をまとめた。

誰しも、日常、仕事をしていれば個別具体的な「現象」に遭遇するだろう。しかし、それをいくら追いかけても将来を見通すことは難しいし、新しい考えや構想を生み出すこともできない。

たとえば楽天の三木谷浩史会長兼社長が社内公用語を英語にしたことが、大きなニュースになった。同じようなことをユニクロの柳井正会長兼社長も言っている。いわば「楽ユニ・ショック」が起こったわけだが、これを聞いて「そういう変わった会社もあるのか」と思っただけの人がほとんどではないか。表面的に見ると、確かに変わった会社が変わったことをやった、となるし、メディアの報道もその程度のものだ。

が、この動きは、必然的なものだし、実は何も驚くには値しない。企業における英語公用語化の流れは、これからどんどん広がっていくことは間違いない。本質に落とし込めば、グローバル化によって社員が多国籍化する過程で起こる必然的な流れであることがわか

る。日本人の中から英語を話せる十分な人材が集まらなければ、幹部社員は外国人になるだろうし、本社を日本の外に移転することも予想できる。

●自然科学についても学んだほうがいい

　ギリシャ時代には、すべての学問が哲学に含まれており、アリストテレスが手掛けた天文学、気象学、動物学、植物学などの自然科学もその一部だった。

　私が学生だった頃も、自然科学者が哲学について語っていた時代だった。この世界の根源を考えていく素粒子論のような学問は、まさに哲学にも相通じたものになる。この世界の根源を考えていくと波動か素粒子へと行き着く。が、どうしても合わないところが出てくる。その物質の最小単位のものをずっと足していくと、どこかで精神が出てくる。物質の塊にすぎない人間に、感情とか精神がある。そこが悩ましいところで、多くの人がこの問題に挑んだ。

　今振り返ると、私が学生だった時期は、自然科学こそが哲学の最もエキサイティングなフロンティアだったのだと思う。

　自然科学の素養がある人は、仮説として立てたものを計測できることができるか、証明できるか、ということをつねに考える。いくら立派な仮説でも、それを実証する証拠なり分析がなければ決して納得できない。理系、文系と関係なく、すべての人が自然科学の古典を読むべきだと思う。

　「哲学的思考力」を違う言葉で言い換えると「質問力（inquisitivemind）」だ。私の経験を振り返ると、優れた政治家や経営

者ほど、つねに本質的なことを聞いてきた。

　ダメな人ほど知ったかぶりをして、知識を試すような表面的なことしか聞いてこない。若いうちから旺盛な好奇心、探求心を持ち、わからないことをどんどん尋ねることで、「質問力」を磨いてほしい。

（週刊東洋経済 2010/8/14-21 合併号）

4. 楽ユニ・ショック

（◎大前ライブ 547：2010/7/4）

> ネット通販大手の楽天は2012年度末までに英語をグループの公用語とする方針を表明した。全正社員約6000人が英語で意思の疎通ができるようにするもので、三木谷浩史会長兼社長（45）は「日本企業をやめ、世界企業になる」と宣言した。

グローバル目指す日本企業、避けては通れない英語化

　楽天市場に入っている会員企業とのコミュニケーションは日本語じゃないとダメだと思いますが、ファーストリテイリングの柳井正さん（61）も似たようなことをほぼ同じ時期に言っています。

　こういうことを志向するのは非常にいいことだと思いますが、英語化は日本企業をやめるというよりも日本企業がグローバルになるには避けて通れないことなんですね。

ドイツの企業は20年ぐらい前にアメリカで大型の買収をした結果、アメリカの工場に行って立て直しをしなければいけなくなり、社内公用語を英語にせざるを得なかったという事情があります。買ってしまった企業が経営不安となり、その影響で本社がつぶれるかもしれないという危機に瀕しました。3大化学会社やシーメンスなどの大企業が英語で結果が出せなければ部長以上にはしない、など大転換しました。

　日本企業はいまごろこういうことを言い出しており、しかも言い出したのはエスタブリッシュメントに属するところではなく、新興の企業です。エスタブリッシュメントのほうは、どうも動きが遅いという感じですね。

　日本の有力企業が英語を公用語化するのは簡単で、「英語ができなければ管理職にはしない」と言えばいいのです。韓国のサムスンもそうですが、サムスングループの数社がその方針を導入しただけで韓国の大学教育が変わり、高校も変わりました。母親たちの教育姿勢も変わりました。ドイツもシーメンスなど「あこがれの企業」が、英語ができなければ活躍の場はない、と宣言したことでガラリと変わりました。

　楽天とファーストリテイリングだけでは、ワンマン社長が変なことを言っているな程度ですまされてしまいます。しかし、トヨタ自動車やキャノン、パナソニックなどが宣言すれば一気に変わります。文部科学省に何を言っても変わりませんが、日本の5つぐらいの有力な会社が英語公用語化を言い出せば、それで決まりです。

（夕刊フジ 2010/7/23「大前研一のIT時評」）

第2章 経営戦略編

1. イオンの葬儀ビジネス

大東工業(東京都目黒区)が販売する「戒名ソフト」が僧侶から好評を得ている。個人の趣味や職業を入力すると、ふさわしい戒名を提案するパソコンソフトで、故人の人となりを知らない場合などに重宝しているという。

戒名ソフトが僧侶に評判

イオンが葬式の定額制販売を打ち出して話題になりました。それと同様に、戒名をデジタルで付けるということに抵抗があるという意見も寄せられています。しかし、これはお坊さん自

身が使うソフトです。

　漢字の組み合わせは限られていますし、戒名に20万円も30万円もとるのは、おかしなことです。このソフトを使えば、私が戒名を考えてもかまわないということになりますが、今回の話はそうではなく、このソフトをお坊さんが使っているという話です。

　お坊さんはこのソフトを使ってタダ同然で戒名を考え、何十万円もとっているわけです。ただし、お坊さんも気をつけておかないといけません。このソフトが一般に普及すれば、高い戒名代をとることができなくなるのですから。

(夕刊フジ 2010/8/27「大前研一のIT時評」)

●イオンの葬儀ビジネス

RTOCS：リアルタイムオンラインケーススタディ事例⑪
(◎大前ライブ 548：2010/7/11)

> もしも私が「イオンの岡田元也社長」だったら、お葬式ビジネスに参入した以上、この事業をどのように成長させて行くか？

　今回は、ちょっと毛色の変わった、イオンのお葬式というのもありましてね。これ仏教界からの反発もちょっと強いんですけれども、さぁ、これをどのように解決して、これを一つの事業にしていくのかと、貴方が岡田さんだったらどうするかと、これを考えましょうということですね。

　実は、イオンの葬儀ビジネスの特徴というのは、全国に特約店を作った400の葬儀社へ紹介、仲介ビジネスをすると。それでイオ

ンカード、WAONカードを持っている人にしかこれをやらないということですね。それから見積価格を提示する。お布施とか、戒名とかそういうものの費用はちょっと別ですけどね。

統一価格で全国展開をする。まぁ、一部の都道県を除いてね。それから各宗派の寺院の紹介、あたしは真言宗ですよというと、こういうところを紹介すると。それから、24時間、365日のコールセンターで受け付けます。いつ亡くなるか分からないですからね。葬儀のコンシェルジェサービスは、一部、お仏壇の「はせがわ」さんとやります、とこういうことですね（図1）。

これは、どういうことかと言うと、イオンカード会員、1700万人いるそうですが、寺院との斡旋をしてあげる、まあ紹介ですね、特約店の葬儀社約400店の中から。それで、イオンはどういうことをやるかというと、紹介料頂く、カード手数料頂く、お葬式のときのお香典のお返しの品物を売る、売上金ですね。

図1 **イオンの葬儀ビジネスの特徴**

- 特約店契約の全国約400の葬儀社への紹介・仲介ビジネス
- イオンカード・WAONカード会員限定サービス
- 明瞭な見積もり価格の提示（布施・戒名等の宗教費用は別）
- 統一価格での全国展開（長崎、島根、鳥取、富山除く）
- 各宗派の寺院の紹介（紹介料無料、但し布施等は別途必要）
- 全国24時間、365日のコールセンター
- 葬儀のコンシェルジュサービス（「はせがわ」と提携、首都圏のみ）
- **イオンの葬儀ビジネスはイオンカード会員向けの葬儀社紹介サービス**

資料：ホームページ　　　　　　　　　　　　　　　　　　　　© BBT総合研究所

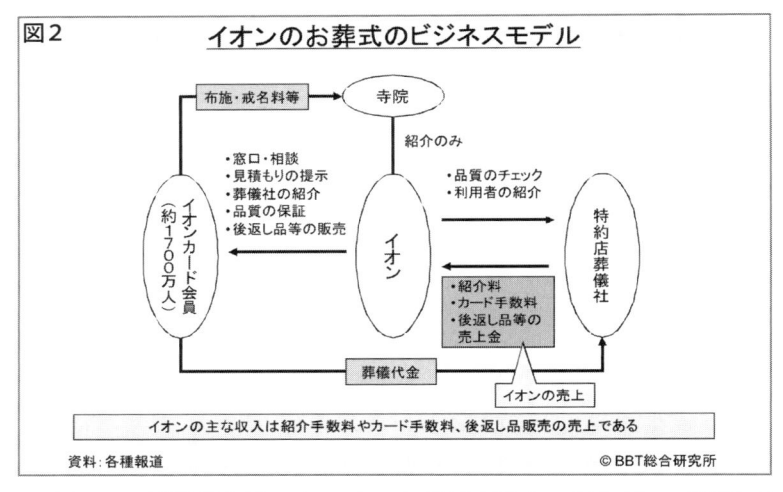

図2　イオンのお葬式のビジネスモデル

- 布施・戒名料等 → 寺院
- 寺院 → イオン（紹介のみ）
- イオン → イオンカード会員（約1,700万人）
  - 窓口・相談
  - 見積もりの提示
  - 葬儀社の紹介
  - 品質の保証
  - 後返し品等の販売
- イオン → 特約店葬儀社
  - 品質のチェック
  - 利用者の紹介
- 特約店葬儀社 → イオン
  - 紹介料
  - カード手数料
  - 後返し品等の売上金
  （イオンの売上）
- イオンカード会員 → 特約店葬儀社：葬儀代金

イオンの主な収入は紹介手数料やカード手数料、後返し品販売の売上である

資料：各種報道　　　　　　　　　　　　　　　©BBT総合研究所

　そして、葬儀代金そのものは、会員が直接カードを使って特約店に払ってくださいと。だから、カードの収入はあると、こういうことです（図2）。

　それで、寺院さんには、お布施とか戒名などの料金をイオンカード会員が払うんですけども、そのレフェレンスプライス、こういう値段が相場ですよと言ってしまったものだから、寺院の方が、冗談じゃないとむくれている訳ですね。今回のこのイオンのサービスを見ると、どちらかというと死にいたる前後のサービスと言うのは、結構大きな産業でして、実は、この部分と言うのは、寺院のところなんかを全部足してみるとやっぱり、1兆円を超える大きな商売なんですよ（図3）。

　実は、それよりも前からですね、ズーッと、ビジネスシステムとして7回忌まで、お墓も入れて7回忌までのパーティ代も含めて取ると全部で4兆円位になって大きいんですね。それで彼らが今

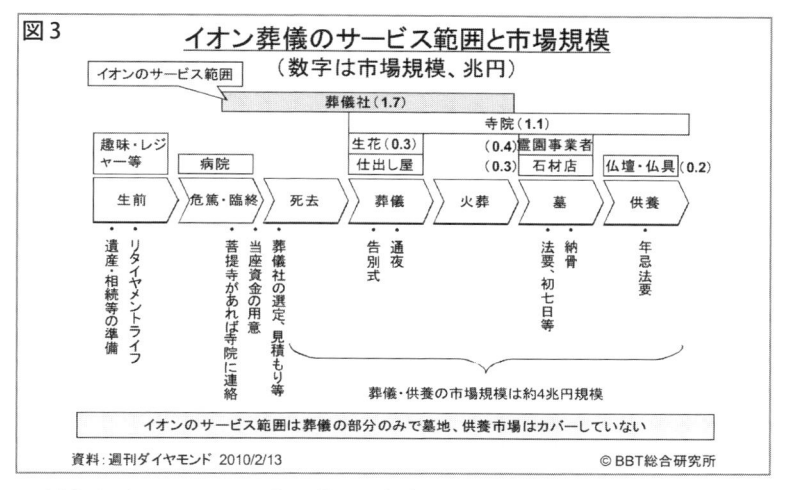

図3 イオン葬儀のサービス範囲と市場規模
（数字は市場規模、兆円）

サービス範囲						
		葬儀社(1.7)		寺院(1.1)		
趣味・レジャー等	病院	生花(0.3) 仕出し屋		(0.4)霊園事業者 (0.3)石材店		仏壇・仏具(0.2)
生前	危篤・臨終	死去	葬儀	火葬	墓	供養
・遺産・相続等の準備 ・リタイヤメントライフ	・菩提寺があれば寺院に連絡 ・当座資金の用意	・葬儀社の選定、見積もり等	・通夜 ・告別式		・納骨 ・法要・初七日等	・年忌法要

葬儀・供養の市場規模は約4兆円規模

イオンのサービス範囲は葬儀の部分のみで墓地、供養市場はカバーしていない

資料：週刊ダイヤモンド 2010/2/13　　　　　　　　　　　　© BBT総合研究所

回対象とするのは、1兆円位のビジネスということで、ちょっと範囲が狭いんですね。私は、従来から葬儀ビジネスと言うのは唯一、日本での成長ビジネスで、面白いよと言ってるんですけど、やり方間違えると祟りがあるぞとも言ってるんですが、今回も祟りが早速出てきてるようですね。実はですね。遺族の人と寺院と葬儀社というのがあって、最近、この葬儀社というのが、かなり微妙でね、まぁ、結婚式とかこういうものは、要するにマスターオブセレモニーが必要だとこういうことですね。どういうことをやってるかというと、遺族は、葬儀費用払います。菊の花何本とかね（図4）。

　それで今度は、寺院の方には、お布施、戒名、その他の料金払いますが、葬儀社の方からの紹介ということあるんで普通はですね、寺院は弱い立場で葬儀社の方から呼んでもらうんですね。そうすると3割から7割のキックバックが葬儀社側にきて、お寺と言うのは、逆に葬儀社にむしり取られてると、こういう感じなんですね。

だから、ある意味で葬儀社による出張サービスという感じで、だから来たお坊さんと言うのが何となく、アルバイト的な雰囲気が抜け出れないのは、搾取されてるところでね。仕切ってる方の人の方が、何となく、お前来てくれと、こういう感じなんですね。

今回の軋轢と言うのは、全日本仏教界が、本来、こういうものは

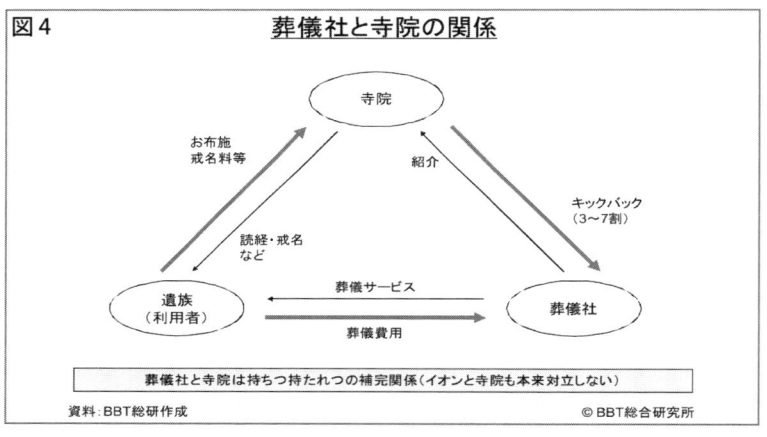

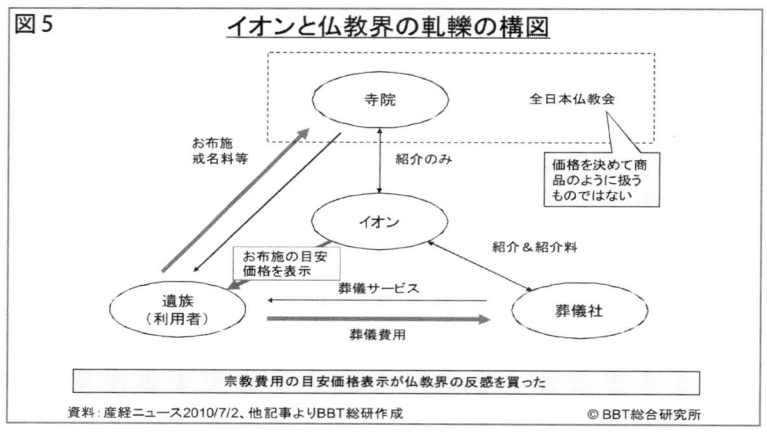

図4　葬儀社と寺院の関係

葬儀社と寺院は持ちつ持たれつの補完関係（イオンと寺院も本来対立しない）

資料：BBT総研作成　　　　　　　　　　　　　　　　　　　　　　© BBT総合研究所

図5　イオンと仏教界の軋轢の構図

全日本仏教会：価格を決めて商品のように扱うものではない

宗教費用の目安価格表示が仏教界の反感を買った

資料：産経ニュース2010/7/2、他記事よりBBT総研作成　　© BBT総合研究所

寄付なんだよと、価格を決めてインターネットで商品の様に扱うのはけしからんと、こういうことなんですね(図5)。

実は、ホームページに次のようなことが書いてあるわけです(図6)。

読経一式……。戒名の場合にもですね。こういう風な簡単なものの場合には25万円と、大、何とかというのがつく場合は、40万円。院号居士何とか書いてると55万円! 高いですね。これ漢字が幾つつくかだけですよ。そんなの大体、もう虎の巻があるわけだからね。いわゆる坊主丸儲けと言われてる様なところはここなんですけども、しかし、ピンハネしている葬儀社の方がもっとすごいんですけどね。それから直葬ですね、10万円。これは、あくまで目安ですと言ってるわけですけど、ホームページに書いちゃったんで、宗教家さんが、カリッときたわけですね。

まずこの仏教界の軋轢をどうやって回避するのかというのは、オークション方式、これどうだろう(図7)。

葬儀社、寺院、オークションを取り行います。そして、イオンの

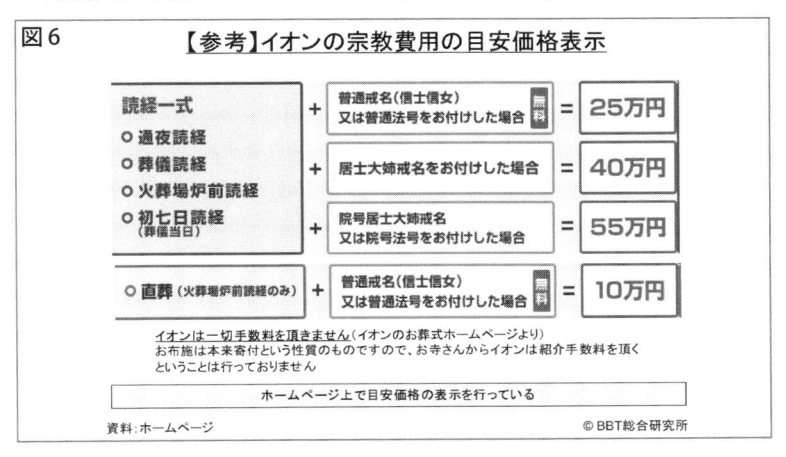

図6 【参考】イオンの宗教費用の目安価格表示

読経一式	+	普通戒名(信士信女)又は普通法号をお付けした場合 無料	=	25万円
○ 通夜読経 ○ 葬儀読経 ○ 火葬場炉前読経 ○ 初七日読経 (葬儀当日)	+	居士大姉戒名をお付けした場合	=	40万円
	+	院号居士大姉戒名 又は院号法号をお付けした場合	=	55万円
○ 直葬(火葬場炉前読経のみ)	+	普通戒名(信士信女)又は普通法号をお付けした場合 無料	=	10万円

イオンは一切手数料を頂きません(イオンのお葬式ホームページより)
お布施は本来寄付という性質のものですので、お寺さんからイオンは紹介手数料を頂くということは行っておりません

ホームページ上で目安価格の表示を行っている

資料:ホームページ　　　　　　　　　　　　　　　　© BBT総合研究所

図7 仏教界との軋轢を如何に回避するか？（案）
（オークション方式の採用）

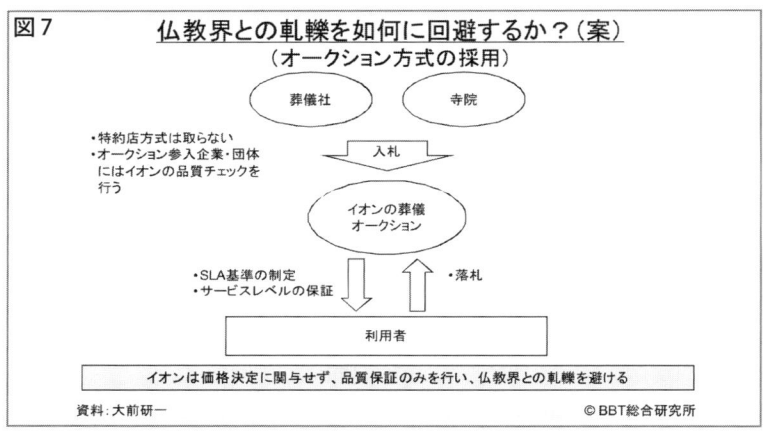

- 特約店方式は取らない
- オークション参入企業・団体にはイオンの品質チェックを行う

葬儀社／寺院 → 入札 → イオンの葬儀オークション

- SLA基準の制定
- サービスレベルの保証
- 落札

利用者

イオンは価格決定に関与せず、品質保証のみを行い、仏教界との軋轢を避ける

資料：大前研一　　©BBT総合研究所

図8 リタイヤ後のイオンのトータルサポート（案）

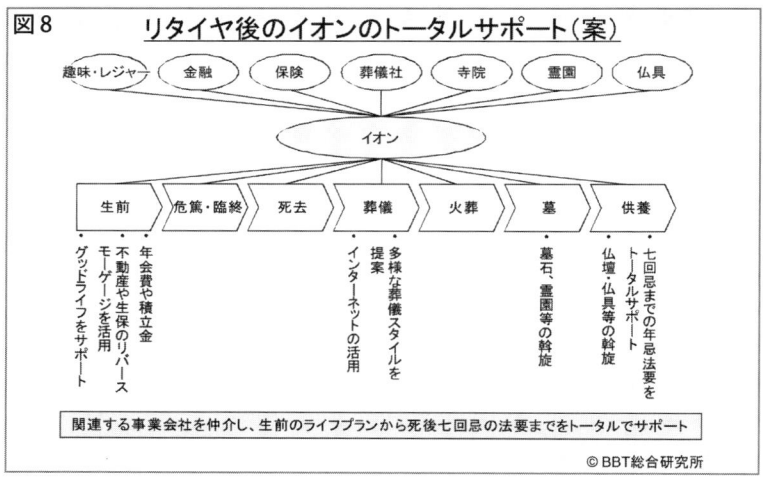

趣味・レジャー／金融／保険／葬儀社／寺院／霊園／仏具 → イオン

生前 ／ 危篤・臨終 ／ 死去 ／ 葬儀 ／ 火葬 ／ 墓 ／ 供養

- 生前：グッドライフをサポート
- 危篤・臨終：年会費や積立金、不動産や生保のリバースモーゲージを活用
- 葬儀：多様な葬儀スタイルを提案、インターネットの活用
- 墓：墓石、霊園等の斡旋
- 供養：七回忌までの年忌法要をトータルサポート、仏壇・仏具等の斡旋

関連する事業会社を仲介し、生前のライフプランから死後七回忌の法要までをトータルでサポート

©BBT総合研究所

方は、サービスレベルアグリーメント、これこれしかじかやりますと、このような大きさの写真と大きさの花束をやり、それで、落札をしてその人にあげると。特約店方式は取らない、誰でも入札してくださいということですね。もしかしたらモバオクか何かでやって

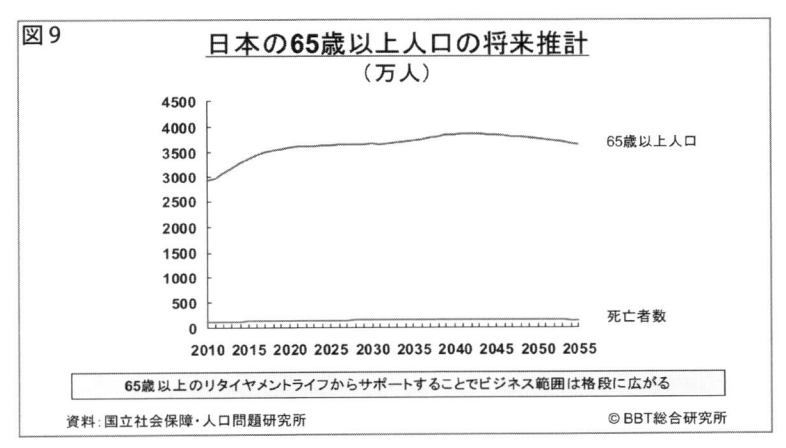

図9 日本の65歳以上人口の将来推計
（万人）

65歳以上のリタイヤメントライフからサポートすることでビジネス範囲は格段に広がる

資料：国立社会保障・人口問題研究所　　　　　　　　　　　© BBT総合研究所

もいいぐらいのものですけども。それでイオンは、価格決定には関与しない、従って品質保証のみを行う。仏教界との軋轢を避ける、こういうことですね。

　それから、生前のリタイヤメントライフから７回忌位までをズーッとやっていって、イオンは少しカバーする範囲を前後にもってくると、ものすごい広い事業になるし、それから、１周忌、２周忌と、７回忌までやると７回パーティやるじゃないですか（図8）。

　そういうことでそれを全部仕切るとものすごいカネが出てきます。それを保険の中から取っていくということで、死んだ時に保険からそれを頂きますということで、「契約」でいいわけですよ。だから自分の葬式代くらい払いたいと思ってる人多いんでね。死んだときの保険金を受け取るようにして、その前のサービスは、全部、保険金が出たときでいいですよと、こういう風にしとけばいいんですね。その代り、契約上は、息子や娘にちゃんと言ってなければいけないんですけどね。そして、死亡者、2040年まで

図10　【参考】サイバー葬儀・供養の提案

イオンのサイトを通じ、献花、香典、お悔みなどを行い、実際の葬儀会場で代理人が代行する

資料：大前研一　　　　　　　　　　　　　　　　　　　© BBT総合研究所

は成長産業ですから。65歳以上の人数は一杯いると（図9）。

　それでですね。リタイヤメント後のトータルサポートするというのは、やはり、アクティブ、パッシブシニアから7回忌までと、こういうことが私はいいなと思うんですが、実は、私はこれのかなりの部分は、サイバーで出来ると思っています（図10）。

　サイバー葬儀。こういうのが出てきましてね。田中家ご葬儀という感じでビューンとこういうものが出てくると、本日の葬儀、香典を送りたいとしたら、これをクリックして、1万円なんていうとね。自動的にイオンの商品券が、イオンの7千円の券が、4千円の券が、戻ってくると。お花を贈る、お悔やみをいう。こういうものはどうだろうかということですよね。

　実際の葬儀会場の代理人がやってもいいし、こういうことですね。もっといえば、これどうだ、サイバー墓参り（図11）。

　すいません、私、1万円払いますんで私の代りに行って、花を献花して下さいという感じになってくると、私は忙しくて中々行きた

図11　【参考】サイバー墓参り・供養の提案

代理人が依頼者に代わり墓参りを行う、依頼者はネット画面でお祈りを行う

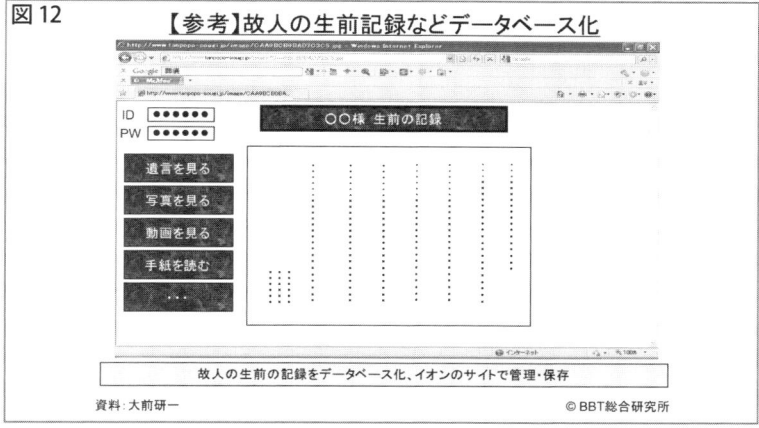

資料：大前研一　©BBT総合研究所

図12　【参考】故人の生前記録などデータベース化

故人の生前の記録をデータベース化、イオンのサイトで管理・保存

資料：大前研一　©BBT総合研究所

いんだけど、行きたい人って一杯いるのよ。それから、お墓にいかなきゃいけないな。お水いれなきゃ、お花やりたいなと思ってるんだけど行けないときに代理人が依頼者に代わって、墓参りに行って、依頼者はネット側でお祈りを致しますと。何だったら音楽くらい出してもいいし、読経くらいはしてもらってもいいと、こういう感じ

ですね。

　それから、ここは生前のデータベースです（図12）。

　遺言を見たい、写真を見たい、動画を見たい、手紙を読みたい、辞世の句とかね、そういうものも見たいと。全部、故人の何々様の生前のデータベース。それからこの中にはね、もしかしたら自分史なんかも書いているかもしれない。イオンのサイトで保管管理してあげるよということで、少なくとも70年は続けますとかね。イオンがあればの話ですけど。こんな感じですかね。私がやるんだったら、こういう風にしてね。仏教界の軋轢に関しては、うまくすり抜けて、やはりトータルビジネスと言うことでやっていって、その中でイオンというのは、やっぱりこれを手がけると、競争相手が幾つか出てきますが、こういうものというのは、必ず1社がドミナントになると思います。

　それから我々の様な人間がね、やはり、そういうサービスを受けている人、実際、使わしてもらおうと、私は葬儀には参列出来ないし、通夜とか何とかもね、二回出るじゃないですか、一回は出れないとかね。そういうときに代わりにしかし拝みたいと、そういう気持ちもあるし、お香典は、ちゃんと出したいと思ってるじゃないですか。これ、私は10年以上前に考えて、お仏壇.comとかね、墓は特に大変なんですよ。

　そういうことを画策したことがあるんで、イオンさんもせっかくここまできたらね、大前原始プランみたいなものをやってくれよという感じがしますね。それでイオンが滞ってるようだったら、どこかの他の人が、会社がこれやってくれたらね、これ、成長産業ですよ。結婚式場でうまくやってる所が、これやったらいいんですよ。基本

的には、似たようなサービスなんですよね。

　ということで、私が岡田元也さんだったらこのようにして、もう少し楽しい人生を演出したり、21世紀的なサイバー墓参りやサイバーお香典とか、そういうことをやります。

（大前ライブ 548：2010/7/11）

大前経営塾　大学院 エアキャンパス（AC）の発言より

（一部抜粋）

Title: RE^3: イオンの葬儀業の振り返り
Sender: BT
Date: 2010/07/13（火）12:34

　このお題で「サイバー葬式」という発想に結びつく塾長の思考は凄いなと思いました。しかし発想を鍛えるものとしてはありだと思いますし、実際にやれば儲かりそうですが、ちょっと複雑な気持ちで拝見させて頂きました。
　大人の世界では何でもサイバーは便利です。でも子供にはリアルな死を見せなければならないと考えています。そうでなければ、毎日バーチャルの世界で、ボタン操作だけで大量に「殺している」キャラクターとの境目が判らない子供が出てきそうで怖いのです。
　友達を殺した少年が警察で「人が死ぬところを見てみたかった」と動機を供述した事件を今でも覚えています。ほんの一部の子供ですが、明らかに死に対する感度が鈍ってきています。
　優しかった田舎のおばあちゃんが棺の中で冷たくなっている姿を、子供はリアルで体験すべきと思うのですが、どうでしょう。

［2010年7月13日（Tue）BT］

＊　＊　＊　＊　＊　＊　＊　＊　＊　＊

Title: ！RE^4: イオンの葬儀業の振り返り
Sender: 三遊亭KY
Date: 2010/07/13（火）16:14

> 子供にはリアルな死を見せなければならないと考えています。　そうでなければ、毎日バーチャルの世界で、ボタン操作だけで大量に「殺している」キャラクター

との境目が判らない子供が出てきそうで怖いのです。

　家族に優しいBTさんの懸念は、実は私も共有します。ただ、今回のサイバー墓参りとかサイバー葬式の対象とは「行きたいけれど行けない人の為に、新しいソリュウーションを提供できる」という設定ですから、手を握り、額に触れてお見送りをすることに代替すべきものとしてのサイバー葬儀や墓参りを「推奨」して、従来型を無くせと言っているわけではないですよね。

　もっとも、その先に来るべきものをFF（ファーストフォワード）すると何が見えるか？　という問いかけでは、BTさんが懸念されることは当然起こってくるでしょうね。間違いなく。負の側面として間違いなくそういう場面が増えるでしょうね。

　同時に、別なことも起こると確信します。

それは、
- 従来にない故人との情報交換の場が生まれる。
- 従来にない故人と個人としての心理的な繋がりのチャネルを死後も増やす事が出来る
- 従来にない故人の葬儀をキッカケとした関係者の輪をサイバー社会に生み出せる
- 従来にない故人を慕う人の継続的なサイバーソサエティーの継続性を保証できる
- 従来にない xxx を OOO した △▲△ の参画を作り出す事が出来る
- ETC

だと思います。一言でいえば、従来のリアル社会で起こっていたことと概念の異なるネットワークが作り出せる。これだと思います。何か一つの変化は、必ず作用と反作用を同時に伴って変化が起こり、その同時に起こる変化の片方だけを事前に消し去ることはできないことなのではないか？　そいう感じがします。

[2010年7月13日（Tue）三遊亭KY]

＊　＊　＊　＊　＊　＊　＊　＊　＊　＊

Title: RE^4:！RE^4:イオンの葬儀業の振り返り
Sender: 三遊亭ＫＹ
Date: 2010/07/15（木）11:38

　今朝はACの「振り返り」に相当時間かけてしまいました。
　ここでサイバーと人間の苦というものを考えてみたいと思いました。
　「やはり御釈迦様は正しい。人間の四苦八苦は時代を超えて消える事は無い」と。

私は生老病死の良く知られた四苦八苦の始めの四苦より余り語られない残りの四苦の表現が好きです。
　特にこれ；

　　愛別離苦　―　愛している同士が離れている事に原因を持つ苦しみ

　サイバー葬という事の是非がどうのこうのという論理展開は当然あります。
　実は、私はこの　愛別離苦　の苦しみをサイバーがここまで癒してくれる、人類史上嘗てないツールを僕等にあたえてくれている。そちらの方の新しい価値に注目してみたいと感じています。
　私は4年前クリスマスの日に急遽Sonyエリクソンの新型携帯電話を2台買って、一台を妻に渡し、一台を私が持って日本に向かいました。
　その前日、白血病の診断が出た妻の母を緊急入院させるためです。日本に行けない妻をおいて私は母のもとに向かいました。高齢の母をこれで香港に呼び寄せられない、日本でみとる事がほぼ確実になった瞬間でした。
　病院についた私は買ったばかりのビデオ通話できる携帯電話で妻に電話をかけました。その時画像の悪いカメラの向こうに見えた妻の顔を見、声を聞いた母。その泣き崩れた母の姿を忘れない。気丈に耐えていた心に親子の絆が繋がった時でした。
　愛別離苦―サイバー空間というものが死を宣告された孤独な母の心に妻の顔と声が、「愛別離苦」という苦しさを、寂しさ、悲しさを癒したものでした。
　その時、私はサイバー空間とはリアルに存在する苦界を変え得ると確信しました。

〔2010年7月15日（Thu）三遊亭KY〕

＊　＊　＊　＊　＊　＊　＊　＊　＊　＊

Title: RE^5: ！RE^4: イオンの葬儀業の振り返り
Sender: kaoru
Date: 2010/07/15（木）14:31

>愛別離苦　の苦しみをサイバーがここまで癒してくれる

　生きている人間の絆をつなぐことができる、手助けができる。
　触れ合うことができない遠くにいても、声を聞けて顔をみることができるリアリティ、そのものですね。
　奥様のお母さんの回復を祈るばかりです。

〔2010年7月15日（Thu）kaoru〕

＊　＊　＊　＊　＊　＊　＊　＊　＊

Title: RE^6:！RE^4: イオンの葬儀業の振り返り
Sender: 三遊亭 KY
Date: 2010/07/15(木) 15:50

> 奥様のお母さんの回復を祈るばかりです。

　kaoru さん　ありがとうございます。
　母はすでに亡くなって三回忌を迎えました。
　実はその過程で、末期治療、終末、夜中の搬送から死に化粧、通夜、葬儀、火葬から、墓探し、初七日、四十九日、初盆、一周忌とすべて香港と日本の地方都市を行き来して嫌と言うほど従来型終末ビジネスと葬儀習慣の不合理さを味わいました。現時点でも味わっています。
関連した諸経費の合計は直接的な葬儀費用の何倍にもなって圧し掛かってきました。
　今回のイオンの葬儀業の RTOCS には、そういう具体的な体験で見聞きしたことが背景にあります。
　そういう体験からみて、学長のソリューションには大きな合理性があるというのが私の結論です。頭で考えたことだけではないということを一言だけ添えておきたいと思いました。
　現実的に私が使わなければならなかった経費合計は具体的に分析の対象として目の前にあります。もし、私がその葬儀を受ける立場だとして、これを 30 代 40 代の普通の海外で暮らすサラリーマンが直面すべき資金負担だとしたら？
　私は自分の息子や娘がいたら、そのような経済的苦境に追い込むのを避ける社会的な行動を起こすと思います。因習固陋な呪縛・メンタルブロックは解放されるべきだと思います。
　現状の葬儀に関する常識や習慣が当たり前の日本人が全て負担すべき経費であるとしたら、日本人が海外でも活躍できる素地作りにはならないだろうと思うからです。第一、ローワーミドルの衝撃におののく日本社会が、現状の習慣をそのままに放置できるわけもない。そう思います。
　その意味で、東南アジアに実店舗の展開店舗数が多いイオンには、日本国内で語られていない別な海外ネットワークを活用した、別な葬儀ソリューション・ビジネスの可能性すらあると思っています。
　イオン頑張れ！　顧客のニーズは大きくあるぞ！　というのが私の感触です。

[2010 年 7 月 15 日（Thu）三遊亭 KY]

2. トヨタなら構築できる住宅の世界最強モデル

RTOCS：リアルタイムオンラインケーススタディ事例②

(◎大前ライブ 516：2009/11/1)

> もしも私が「トヨタ自動車の豊田章男社長」だったら、
> 分離した住宅事業を今後どのような方向に持っていくか？

　住宅業界も例外ではなく、法的規制が多い。住宅は「高い買い物」であるし、そこに住む人たちの健康や安全を守らなければならないものであるから、一定の規制が必要なことは理解できる。しかし日本の場合、行きすぎた規制のために国民がしわ寄せを受けている。たとえば建材一つとっても、世界の最適地で生産したものを最適な価格で購入できることがベストだが、日本では規制のためにそれが難しく、結果として国民は不当に高い住宅を買わざるを得ないのが現実である。

　世界に名だたるトヨタ自動車は 10 月 23 日、100％子会社であるトヨタホームに住宅事業を集約し強化すると発表した。トヨタ本体にある住宅の企画・技術開発・生産部門をトヨタホームに 2010 年 10 月までに移管し、企画から生産・販売まで一貫して手がける体制にするという。

　わたしはこれを住宅関連の規制を打破する好機と見ている。トヨ

タの強みを生かしながら他社にない住宅づくりができれば、この業界は大きく変わるだろう。トヨタグループなら無駄な規制を撤廃することもできるはずだ。

●自動車事業の改革と同時に、住宅事業で世界トップを目指す

　トヨタはこれまで住宅の企画・技術開発・生産を行い、自動車部門とのシナジーを図ってきた。その事業をトヨタホームに集約するのは、まずはトヨタが自動車の事業改革に専念するためであろう。しかし、この住宅事業の統合計画が、余計な事業は外に出すという目的だけではないはずだ。今後、トヨタグループとしての中核事業に育てる狙いがあるのではないか。

　最初に住宅業界の現状を見ておこう。国土交通省の10月末発表によると、2009年度上半期の新設住宅着工戸数は、前年同期比33.9%減の38万4175戸だった。1965年以降、上半期ベースで見ると戸数が最低、減少率も最大となった。

　こうした厳しい環境のもとで、トヨタは住宅事業の強化に取り組むわけである。そこにあるのは「国内の住宅産業には期待が持てない」という観測であり、「今後は海外へ積極的に進出し、メジャーな事業を手がけることも必要だ」という判断であろう。トヨタの住宅事業を考えるとき、ミサワホームの存在を忘れてはならない。トヨタ自動車がミサワホームの株式の13.4%を持っている。最近のミサワホームの経営はトヨタがバックアップしないとおかしくなってしまう状況にあった。トヨタ自動車社長の豊田章男氏の頭にあるのは、おそらくトヨタホームとミサワホームを将来的に統合して、両者の技術

や経験を持ち寄って大きな住宅会社にしたいという思いだろう。

　初代・豊田佐吉氏（1867-1930）が世界初の自動織機を作って拡販に成功。その長男の喜一郎氏（1894-1952）が豊田自動織機製作所（現在の豊田自動織機）内に設立された自動車部の中心人物として活躍し、その後、トヨタ自動車工業の第2代社長に就任する。いわゆる「一代一業」と言われる豊田家の伝統の始まりである。そして1975年には当時の豊田英二社長の頃に住宅事業部が発足している。初代の佐吉氏から数えて4代目、曾孫にあたる章男氏（1956年生まれ）にしてみれば、自動車事業の再構築という重い課題が目の前にあるのも事実だが、住宅事業でも世界トップを目指す、という目標を掲げて4代目の存在をアピールしたいところだ。

　誰もが知っているように、日本の住宅は欧米と比べると狭いうえに価格が高い。次のグラフ（図1）に示したように、日本の戸建住宅の平均価格が3700万円であるのに、欧米諸国はその5～6割程度である。もちろん日本と欧米とでは床面積などの諸条件が異な

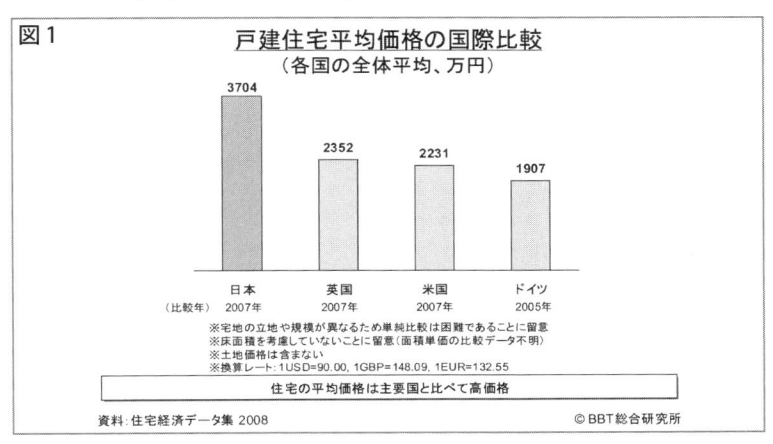

図1　戸建住宅平均価格の国際比較
（各国の全体平均、万円）

日本	英国	米国	ドイツ
3704	2352	2231	1907
(比較年) 2007年	2007年	2007年	2005年

※宅地の立地や規模が異なるため単純比較は困難であることに留意
※床面積を考慮していないことに留意（面積単価の比較データ不明）
※土地価格は含まない
※換算レート：1USD=90.00、1GBP=148.09、1EUR=132.55

住宅の平均価格は主要国と比べて高価格

資料：住宅経済データ集 2008　　　　　　　　　©BBT総合研究所

るので単純な比較はできないが、わが国の住宅が貧弱な割に高価であることは確かだ。

◉身をもって体験した日本の住宅業界の無意味な規制

プアな住宅事情に国民が甘んじているのは、やはり冒頭でも述べたように、無意味な規制が山のようにあるからだ。何しろ建築規制、防火規定、水回りの規制など、至るところに規制が張り巡らされており、これが住宅の高コスト化を招いている。規制の主なものを次の図表にまとめてみた（図2）。

わたし自身の体験を紹介しておこう。以前、わたしは千葉市稲毛区にあるアクティブシニアのために施設「スマートコミュニティ稲毛」の建設プロジェクトに参加した。建材や設備・機器は、性能や耐久性が同じなら安いに越したことはない。そこでシンガポールや

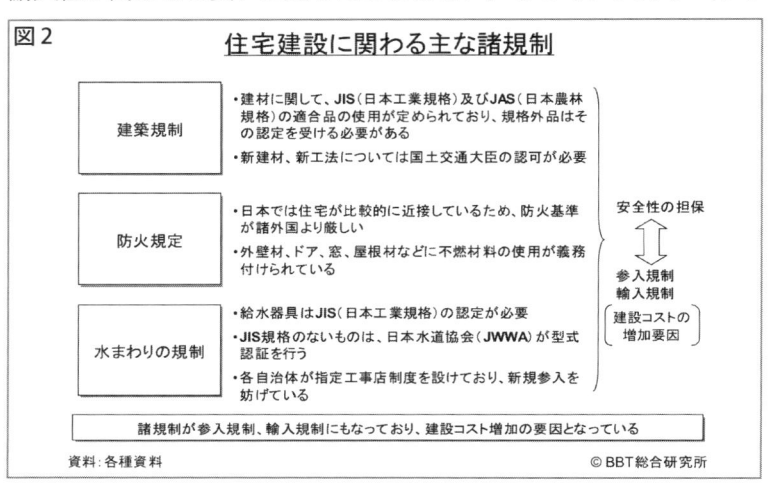

図2　住宅建設に関わる主な諸規制

建築規制	・建材に関して、JIS（日本工業規格）及びJAS（日本農林規格）の適合品の使用が定められており、規格外品はその認定を受ける必要がある ・新建材、新工法については国土交通大臣の認可が必要
防火規定	・日本では住宅が比較的に近接しているため、防火基準が諸外国より厳しい ・外壁材、ドア、窓、屋根材などに不燃材料の使用が義務付けられている
水まわりの規制	・給水器具はJIS（日本工業規格）の認定が必要 ・JIS規格のないものは、日本水道協会（JWWA）が型式認証を行う ・各自治体が指定工事店制度を設けており、新規参入を妨げている

安全性の担保 ⇅ 参入規制・輸入規制 → 建設コストの増加要因

諸規制が参入規制、輸入規制にもなっており、建設コスト増加の要因となっている

資料：各種資料　　　　　　　　　　　　　　　　　© BBT総合研究所

タイ、イタリア、オーストラリアといった国で安価な資材を仕入れて、それを日本に持ってこようとした。

　だが、行政はそれを認めてくれなかった。ガラス、アルミサッシ、石膏ボードなどでは耐火性の認証がとれてないとか、便器や洗面台などではＪＷＷＡ（日本水道協会規格）のマークがないといった理由で、通水しない、などさまざまことがあった。結局、ウオーターシャワー付き便器は日本からタイに輸出し、それを組み込んだ浴室・台所ユニットを再びタイから日本に持ち込む、というコストのかかる方法を取らざるを得なかった。世界で最も安くて良いモノを労賃の安い国で組み立ててそれを日本に持ち込めば住宅は半値で建つ。

　坪30万円で立派な家が建つとなれば、30坪の家をリフォームするのと値段は対して変わらない。古い家の建て替えや、若い人にも十分支払える金額となれば、日本中が再び建設ブームで沸くことになる。トヨタにとっては従来の家の建て方なら住宅市場は衰退マーケットであるが、このようなイノベーションを込めてやれば、自動車を上回る巨大市場への参入となる。その住宅市場にトヨタらしい参入の仕方を考えることこそ、豊田章男新社長に相応しいテーマ、と言うことになる。

　40年前、トヨタがアメリカに「パブリカ」や「カローラ」で進出した時にはＧＭとの差が20倍もあり、またアメリカのクルマはタンクのように大きかった。その矛盾を突いてトヨタはクルマとはかくあるベシ、という主張を貫いて世界一のポジションを獲得した。今の日本の住宅業界を見ると、当時のデトロイトのクルマ作りと同じくらい顧客目線から離れた規格と値段になっている。トヨタが原点に帰ってその「良いモノを安く」の精神で日本の住宅産業に革命

を起こす、というのが、私の期待するトヨタの住宅産業戦略ということになる。

●寡占企業の製品に合わせて基準が作られている

上述した日本の住宅関連の規制は「百害あって一利なし」だ。そのために世界標準の資材や機器を日本に持ってくることができない。世界でもっとも安くて、もっとも良いとされる製品が、どうして日本では使用できないのか。その理由は次のグラフを見てもらえばわかる（図3）。

衛生陶器、アルミサッシ・ドア、ユニットバス、システムキッチンのシェアを示したものだが、驚くことに、どれも2社寡占、あるいは1社独占といった状況にある。このほかにも、ガラス、セメント、石膏ボード、屋根のタイルなどの建築資材でも寡占体制が敷かれている。つまり、これら独占企業、寡占企業からなる業界団

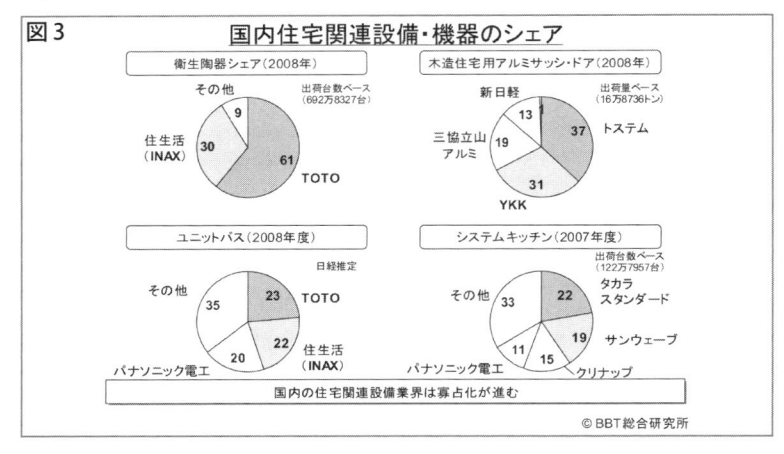

図3　国内住宅関連設備・機器のシェア

衛生陶器シェア（2008年）　出荷台数ベース（692万8327台）
- TOTO 61
- 住生活（INAX）30
- その他 9

木造住宅用アルミサッシ・ドア（2008年）　出荷量ベース（16万8736トン）
- トステム 37
- YKK 31
- 三協立山アルミ 19
- 新日軽 13

ユニットバス（2008年度）　日経推定
- TOTO 23
- 住生活（INAX）22
- パナソニック電工 20
- その他 35

システムキッチン（2007年度）　出荷台数ベース（122万7957台）
- タカラスタンダード 22
- サンウェーブ 19
- クリナップ 15
- パナソニック電工 11
- その他 33

国内の住宅関連設備業界は寡占化が進む

© BBT総合研究所

体が、自分たちの製品に有利なように基準や試験方法を策定して、それに基づいて規制が作られている。あるいは業者も彼らの流通や施行を請け負うことによって生計を立てており、海外の資材や設備機器を使いたがらない。施主が強引にやろうとしても、工事をしない、などの悪弊も出てきている。政府は「客観的な基準でテストしている」という顔をしているが、実際には一部の限られた会社が有利になるように基準を作り、テストを行っているに過ぎない。それが現実だ。

　わたしはトヨタにこの悪しき障壁を叩き割ってもらいたいと思っている。実際、トヨタならそれを実行するだけの力を持っている。

●トヨタは三つの強みを生かせば住宅業界を変えられる

　新築住宅は減少傾向で、上向く気配が感じられないが、日本には築30年以上の古い住宅が山のようにある。これらは立て替えが検討されている物件と見ていい。建て替えがしやすい環境ができあがれば、その大きな需要が見込まれ、そこにトヨタグループの強みが生かされるとわたしは考えている。

　トヨタグループの強みとは何か。本業の自動車から考えれば、CAD/CAM（コンピューターによる設計・生産）が筆頭に挙げられる。そして「ジャストインタイム」。必要な時に必要なものを必要な数だけ用意して無駄を省くという生産方式だ。三つ目は「世界規模での生産・購買」である。トヨタは世界各地に生産・営業の拠点を持っている。これらの強みは、住宅産業にもそのまま応用できるだろう。トヨタの住宅事業の方向性を以下のようにまとめてみた（図4）。

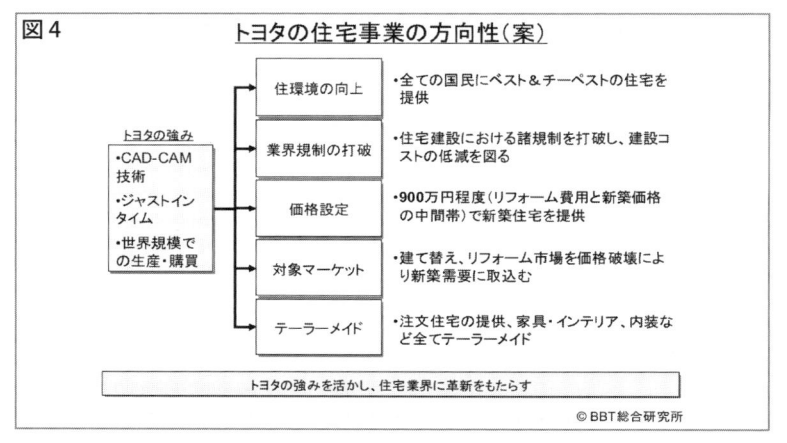

図4 トヨタの住宅事業の方向性（案）

トヨタの強み
- CAD-CAM技術
- ジャストインタイム
- 世界規模での生産・購買

住環境の向上	全ての国民にベスト＆チーペストの住宅を提供
業界規制の打破	住宅建設における諸規制を打破し、建設コストの低減を図る
価格設定	900万円程度（リフォーム費用と新築価格の中間帯）で新築住宅を提供
対象マーケット	建て替え、リフォーム市場を価格破壊により新築需要に取込む
テーラーメイド	注文住宅の提供、家具・インテリア、内装など全てテーラーメイド

トヨタの強みを活かし、住宅業界に革新をもたらす

© BBT総合研究所

　この方向性が実現できれば、日本の国民に「ベスト＆チーペスト」の住宅が提供できる。かつてトヨタは「カローラ」という庶民でも購入できる自動車を作った。それと同じように、住宅でも庶民が買える安価でいいものをテーラーメイドで提供できるようになる。

　規制が撤廃されると、住宅の建築費はどれくらいになるのか。先ほど紹介した欧米の建物は一坪30万円程度である。今、日本で「30坪で900万円」というと一軒丸ごとの建て替えは無理、リフォームならどうにか見合う金額である。ところが、コストさえ欧米並みになれば、900万円あればリフォームではなく、建て替えができるようになる。

　定年退職した人が、あと何年生活できるか分からない、お金は大切に持っていたい、と言いながら、地震が来たら大丈夫だろうか、と心配をしながら生きている。95年に起きた阪神淡路大震災の時には在来工法の日本家屋の多くが倒壊してしまった。その心配をしながら生活するよりも、子供たちが巣立ってしまった後に夫婦だけ

の平屋をバリアフリーで作る。そこで最低20年は安心して生活する、と言うことになれば、大都市周辺で爆発的な需要が起こる。つまり住宅は衰退産業なのではなく、既存の住宅メーカーや建材メーカーが自ら衰退するように仕向けているだけなのだ。トヨタはそこにチャレンジする会社であって欲しい、というのが私の着眼点だ。

　つまり、トヨタホームの対象マーケットは、建て替えとリフォームの両方である。縮退マーケットである新築だけを見ていたら、トヨタホームも悲しい思いをするだろうが、建て替えとリフォームを主軸に据えれば、市場はいくらでもあると言ってもいいくらい広がってくる。

●テーラーメイドの住宅をジャストインタイムで建てる

　トヨタホームの戦略はテーラーメイド（顧客の要望にあわせて設計する方法）だ。そこにトヨタが自動車で培ったCAD/CAM技術が生きてくる。顧客が営業所に今の住宅の宅地図を持ち込めば、CADを使ったコンピューターの画面を見ながら、新しい建物の様子、部屋の様子などを3次元映像でさまざまな角度から見ることができる。建物だけでなく、家具、インテリア、内装などすべてをテーラーメイドで提示する。まさにトヨタの得意技ではないか。これを、CAMにつなげて資材や労働力から見て世界最適地で作り、それをクルマの輸出で帰りがカラになった輸送船で日本に持ち込む。

　トヨタのCAD/CAMの技術力は高い。エンジニアもそろっている。住宅業界でトヨタ級の技術や人材を揃えているところはなく、住宅業界のトップ企業ですらトヨタには遠く及ばない（図5）。

図5 トヨタのCAD／CAM技術

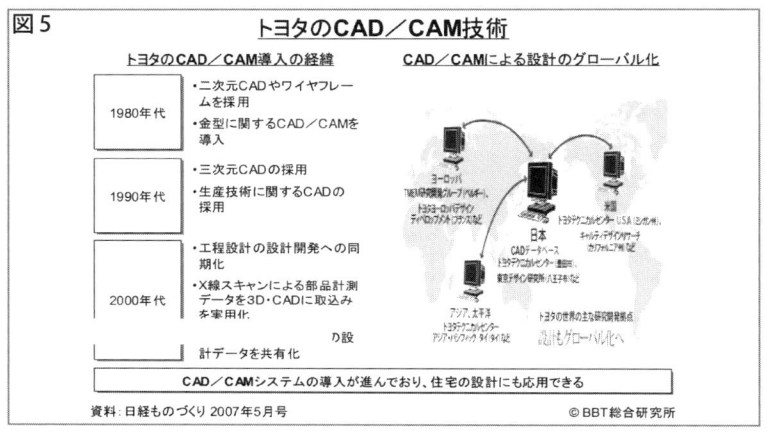

トヨタのCAD／CAM導入の経緯

- 1980年代
  - 二次元CADやワイヤフレームを採用
  - 金型に関するCAD／CAMを導入
- 1990年代
  - 三次元CADの採用
  - 生産技術に関するCADの採用
- 2000年代
  - 工程設計の設計開発への同期化
  - X線スキャンによる部品計測データを3D・CADに取込みを実用化
  - 計データを共有化

CAD／CAMによる設計のグローバル化

CAD／CAMシステムの導入が進んでおり、住宅の設計にも応用できる

資料：日経ものづくり 2007年5月号　©BBT総合研究所

図6 トヨタ自動車のリードタイムの比較

トヨタ自動車：リードタイム 10カ月／12カ月（設計開発の開始〜量産の開始）

他社の平均：リードタイム 24カ月

トヨタの競争優位

独自のCAD／CAMシステムとジャストインタイム方式により、住宅建設においても圧倒的なリードタイム短縮が可能と思われる

資料：日経ものづくり 2007年5月号　©BBT総合研究所

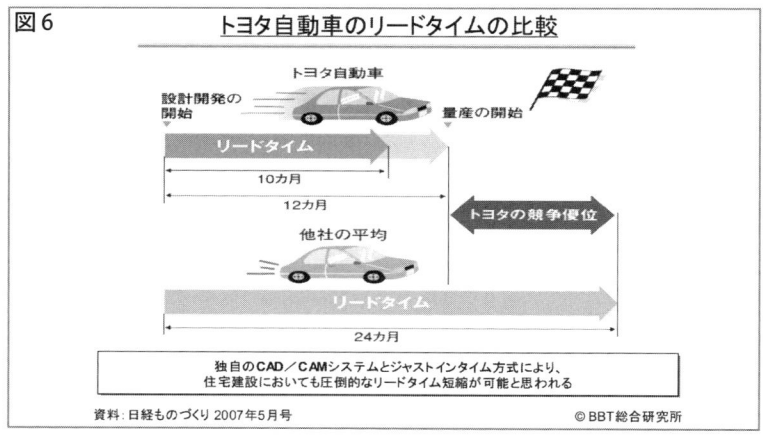

　ジャストインタイムも有効だ。トヨタには自動車の設計開発から量産体制の確立まで12カ月で実行できるほどの競争優位性がある。この力を住宅建設にも応用すれば、圧倒的なリードタイムの短縮が図れ、1軒の家なら（顧客との相談から始まって認可取得、資材を世界中から調達し現地で組み立てるところまで）2カ月から3カ月で建てら

れるだろう（図6）。

●世界中のサプライヤーから最適なものを調達できる

さらに世界規模で持つ生産・購買力。トヨタは世界52カ所に拠点を持っている。自動車は世界的に過剰生産になっているので、いくつかの工場を閉鎖する必要があるだろうが、自動車の代わりに住宅の資材や設備・機器を作れば、閉鎖しなくても済むところも出てくるのではないか。

トヨタホームは住宅業界の「デルモデル」を確立すればいい（図7）。デルモデルとは言うまでもなくコンピューターメーカーの米デル社の生産モデルだ。直販と受注生産を主軸にしたモデルで、在庫を抱えずにその時に一番安く性能に見合った部品を仕入れて、PCに組み込んで生産していくシステムだ。

何しろトヨタの調達力は世界最強である。国内企業も含め、世

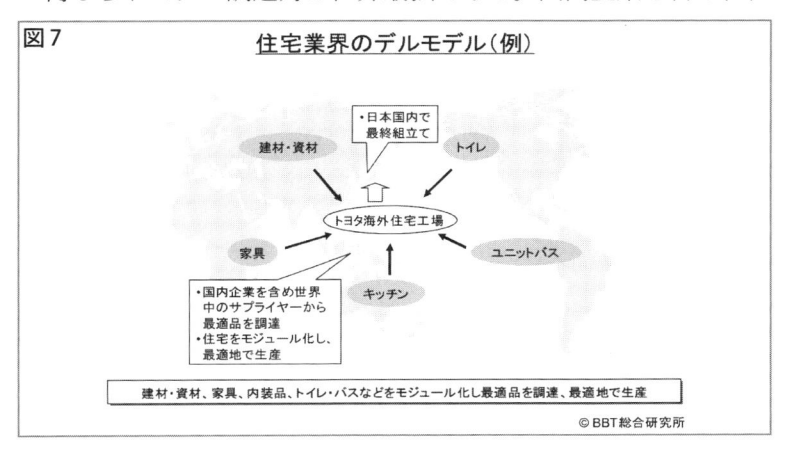

図7　住宅業界のデルモデル（例）

- 日本国内で最終組立て
- 建材・資材
- トイレ
- 家具
- キッチン
- ユニットバス
- トヨタ海外住宅工場
- 国内企業を含め世界中のサプライヤーから最適品を調達
- 住宅をモジュール化し、最適地で生産

建材・資材、家具、内装品、トイレ・バスなどをモジュール化し最適品を調達、最適地で生産

© BBT総合研究所

界中のサプライヤーから品質と価格の両面で最適なものを調達できる。建築資材、家具、キッチン、ユニットバス、トイレ、それからテーブルやイス、テーブルクロスまですべてテーラーメイドで用意できるだろう。これらをモジュール化して最適地で生産し、日本国内の顧客の敷地で最終組み立てをすればよい。

　このようなモデルを考えて実行すれば、建築のシステムが全く新しく変わる。住宅業界でこれだけ積極的に取り組んでいるところはまだない。住宅産業はどこも零細資本なのだ。トヨタのような技術を持った巨大資本が本腰を入れて取り組むと、業界は大きく変わる。日本の悪しき伝統で寡占体制にある資材メーカーが輸入に規制その他の嫌がらせをすれば、トヨタはそれらの嫌がらせを公開し、日本政府に規制撤廃を働きかければよい。トヨタならマスコミも含めて全面戦争に打って出れば、国民が一気に見方となる。

　つまりトヨタの潜在的強さの一つは制度や慣習さえも変えてしまう力ではないだろうか？　わたしたちが個人的にいろいろ努力しても、業界や役人は知らん顔だが、トヨタが真剣に取り組めば、邪魔者はぶっ飛ぶ！というのがわたしの期待である。

　日本国内で成功すれば、次のステップとしてトヨタホームは世界に進出できる。日本で確立したシステムを、海外でも展開する。トヨタ自動車が安くて優れた自動車を世界中で生産・販売しているように、テーラーメイドの住宅でも同じことが起こりうる。

◉自動車と住宅の両輪で、円高にも円安にも強いトヨタの誕生

　違う角度からトヨタホームの事業を見てみよう。

トヨタ自動車は輸出で伸びてきた。微妙な言い回しになるが、輸出によって世界中に迷惑をかけてきたとも言える。ところが住宅事業が軌道に乗れば、今度は輸入が伸びることになる。輸入と輸出のバランスが取れるのだ。そうなれば世界は、「トヨタは輸出ばかりではない。輸入もたくさんしてくれる。我が国でモノを作って輸出してくれる」と感謝するだろう。
　輸入が増えることは円高に強くなることを意味する。現在、円高によってトヨタは収益を減らしている。ところが住宅の場合、逆に円高は好都合である。世界から資材やモジュール建造物などを買って日本の消費者に売るのだから、円高になれば収益が上がる。輸出と輸入のバランスが取れることは、トヨタにとっても為替変動リスクを回避するメリットが大きい。

　以上、トヨタ自動車が切り出したトヨタホームを起点とした新しい事業の構想の一例を示した。グループの若き総師・豊田章男社長にこのような構想があるのかどうかは知る由もない。しかし、本提案は豊田家の伝統である一代一業と現下の自動車不況、そして日本の貧しい住宅事情の三点を解決する極めて有意義な戦略であり構想であると自負している。
　トヨタが本腰を入れて動き始めたら、住宅業界に革新をもたらすに違いない。巨大な個人金融資産にもかかわらず古くなったウサギ小屋に細々と暮らす人々に希望を与える仕事。それこそ日本一の企業に相応しい一大事業ではないだろうか？

（nikkei BP net　2009/11/18 日経 BP 社 http://www.nikkeibp.co.jp/）

BBT大学大学院 エアキャンパス（AC）の発言より

Title: RTOCS4 振り返り
Sender: 真鍋晃太
Date: 2009/11/04（水）01:32
【最終回答】
2009年11月1日 18:49:56　真鍋晃太

【課題】あなたがトヨタの豊田章男社長とすれば分離した住宅事業を今後どのような方向に導いていくか？

【結論】「車を売る為に家を売る」コンセプトで将来の環境車普及にも対応できる環境住宅の開発をトヨタ本体と協力して進めさせる。一方で国内市場は着工件数の伸び悩みもあり市場成長が望めない為、規模による効率化を狙いトヨタが株式を持つミサワホームとの協業を進め、将来的な合併も視野に入れさせる。国内体制を整理した後に環境住宅を武器にUS等、今後環境対応車の需要が増加されると予測される海外市場への進出を促す。

【提案の骨子】「車を売る為に家を売る」ために、環境車への対応も進め、環境対応住宅の開発を進めるがその時に同時に、トヨタ自動車の環境イメージを活用した住宅販売も推進し、自動車製造業と住宅事業のシナジー効果を狙う。

［1］このとき、業界13位の販売力では効果が少ないため、今後積極的にミサワホームとの提携を推進し、ミサワ＋トヨタホーム＝業界2位の規模を活用してミサワホームの販売力とトヨタの技術力のシナジー効果をも狙う。
［2］（添付資料）【現状分析】国内住宅市場は伸び悩んでおり、少子高齢化をも考慮すると今後大きな成長は期待できない。
［3］ミサワホームは2007年度着工件数では業界3位、トヨタホーム着工件数を合わせると業界2位の住宅会社となり、部材共通化、販売網の共通化によるシナジー効果を出すことが可能。製品ラインナップも充実する。
［4］今後、自動車業界においては環境対応車の増加が予測され、自宅における充電等、家と車が連携を始める。トヨタホームはHEMS等の開発により、この流れを活用して自動車とのシナジー効果を出すことが可能。
［5］鳩山首相提言のCO_2排出量25％削減を達成する為には住宅のCO_2削減も必須であり、今後環境対応住宅を商品として準備することは優遇税制の活用等も期待できる。オバマグリーン・ニューディール政策は大統領も環境対応住宅の追い風である。

ミサワ＋トヨタの着工件数

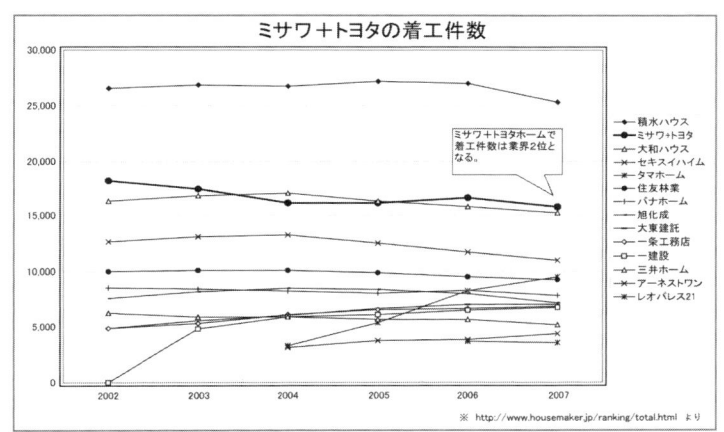

凡例：
- 積水ハウス
- ミサワ＋トヨタ
- 大和ハウス
- セキスイハイム
- タマホーム
- 住友林業
- パナホーム
- 旭化成
- 大東建託
- 一条工務店
- 三井ホーム
- アーネストワン
- レオパレス21

吹き出し：ミサワ＋トヨタホームで着工件数は業界2位となる。

※ http://www.housemaker.jp/ranking/total.html より

[2] 添付資料（一部）

■反省

今回は、視点の違いを感じました。

私が提案を考えるアプローチは、集まった事実をつなぎ合わせて、「次にこの人ならどういうことを考えるのかな？」というどちらかといえばその人の気持ちを推理するような思考をしているように思います。推理のために断片的な情報をつなぎ合わせて、これまでの行動パターンの延長線上の提案を作成していました。

一方で、今回の学長の考え方は「自分が社長だったら、どうしたいのか。どれくらいの実績を挙げれば認められるのか」というような考え方でアプローチしているように思いました。

別の言い方をすると、「現状の困りごとは何なのか」、「自分の得意領域は何なのか」（豊田社長）、「自分の一生をかけてやりたかったことは何なのか」（ルラ大統領）「自社の強みは何なのか？ 今はそれを100％活用できているのか」（豊田社長、矢野社長）というようにその人の立場で、その人の気持ちを考えればこれまでの提案も生まれてくるよ、ということだろうと思います。

補講の中で「練習すればできるようになる考え方だからやってみて」という話がありました。信じてやってみたいと思います。

すこし、RTOCSで（自分が）やっていることに少し違和感を感じ始めていたのですが、今回まったく別の視点の回答を示していただいたおかげで違和感の原因、アプローチの違いに気付くことが出来たように思っています。

[2009年11月4日（Wed）真鍋晃太]

＊　＊　＊　＊　＊　＊　＊　＊　＊

Title: RE:RTOCS4 振り返り
Sender: k.ohmae
Date: 2009/11/04（水）07:34

> 集まった事実をつなぎ合わせて、「次にこの人ならどういうことを考えるのか
> な？」というどちらかといえばその人の気持ちを推理するような思考をしてい
> るように思います。

　これがサラリーマン根性、というやつだよね。BBT は将来トップに経ったときにどう思考し、判断し、行動するのか？というメンタルトレーニングをやる場所。上意下達の調子の良い駒になることは本学では教えていない。

[2009 年 11 月 4 日（Wed）k.ohmae]

＊　＊　＊　＊　＊　＊　＊　＊　＊

Title: RE^2:RTOCS4 振り返り
Sender: 真鍋晃太（UF09）
Date: 2009/11/05（木）05:40

> 集まった事実をつなぎ合わせて、「次にこの人ならどういうことを考えるのか
> な？」というどちらかといえばその人の気持ちを推理するような思考をしてい
> るように思います。

> これがサラリーマン根性、というやつだよね。BBT は将来トップに経ったとき
> にどう思考し、判断し、行動するのか？　というメンタルトレーニングをやる
> 場所。上意下達の調子 > の良い駒になることは本学では教えていない。

　これも新たな視点をいただきました。
　BBT 説明会で頂いた資料の中の学長の文章で、以下が印象に残っています。
　「大企業に入って十数年が経過すると、大企業の鋳型にはめられてしまい、おかしな形に固まっていく。ボーリングにたとえれば、彼らはすでにガーターである。このまま進んでいけばそれなりに出世するかもしれないがピンは一本も倒せない。」（Nikkei Biztech No.007 特別講義 1 －日本人に一番欠けていること）
　正直な私の気持ちは「私はそんなことはない」と思っていました。が、同時に「ホントに大丈夫か？自分はどうなのか確かめてみたい」、という気持ちでBBTに入学した側面もあります。
　今回頂いたコメントで「現状把握」ができました。レーンの上に一刻も早く戻って戦える人材になれるよう、RTOCS に取り組んでいきます。

[2009 年 11 月 5 日（Thu）真鍋晃太]

第3章 政治・経済編

1. 日本国債暴落デフォルト危機！

① もはや国債の発行余力を失った日本政府

(◎大前ライブ 529：2010/2/28)

　金融経済危機に対応するため、2009年は国だけでも新たに25兆円ほどの負債が増加したとされ、政府の借金は増加する一方だ。もちろん地方政府、つまり自治体の財政も厳しく、膨大な負債を抱え込んでいる。

◉政府部門の「正味資産」がマイナスに転落したらしい？

　景気刺激や社会福祉の財源として消費税という税金や将来からの借金である国債という手段ばかりが議論されているが、世界には不要不急の金があふれているのだから、それを呼び込むための魅力ある国づくり、活力ある地方経済をもっと自由にする方法が議論されなくてはならない。

　政府も地方自治体も国債や地方債に頼っているということは、将来の日本国民から借金をしていることにほかならない。日本はその借金をずっと続けてきた。

　しかし、それもいよいよ限界に来たようだ。政府部門の「正味資産」が2009年末に"ついにマイナスに転落したらしい"。政府は財政健全化の道筋を早期に示す必要がある。

　この「正味資産」とは、国と地方をあわせた政府部門の資産から負債を差し引いたものだ。具体的には、土地や株式などの資産から、国債や借入金などの負債を引いたものである。これが2009年末に初めて"マイナスになったらしい"というのだ。民間企業であれば、債務超過の状態である。

　これにより政府関係者は、「国債や地方債の増発余地が乏しくなった」と言うが、私から見れば「何を今さら」という感じだ。

◉「正味資産」は1998年から激しく落ち込む

　次のグラフを見ていただきたい。政府が公表している正味資産の

図1 **政府の正味資産*の推移**
（兆円、各年年末）

*土地、株式等の資産から国債、借入金等の負債を差し引いたもの

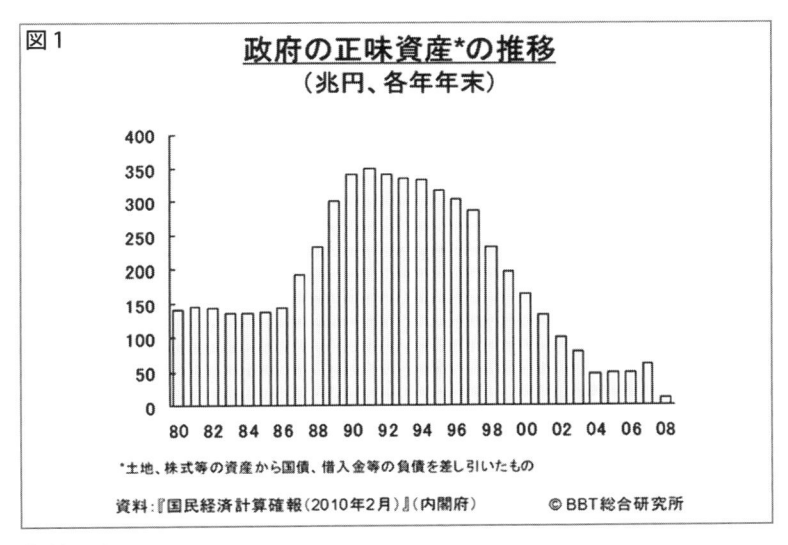

資料：『国民経済計算確報（2010年2月）』（内閣府）　©BBT総合研究所

推移である（図1）。

　これによると、政府の正味資産は1991年末に350兆円でピークを記録したが、その後は一貫して減少している。特に1998年以降の落ち込みは激しく、2008年はかろうじてプラスになった程度で、国債を増発した2009年にはついに"マイナスになるらしい"というわけだ。

　ところが、資産の内容を精査してみると、「マイナスになるらしい」などとは、とんでもないお気楽な計算であることがわかってくる。

◉「道路・土地等」の資産は実際にはお金の価値がゼロに等しい

　次の図2は2008年における政府部門のバランスシートを示す。左側が資産、右側が負債である。

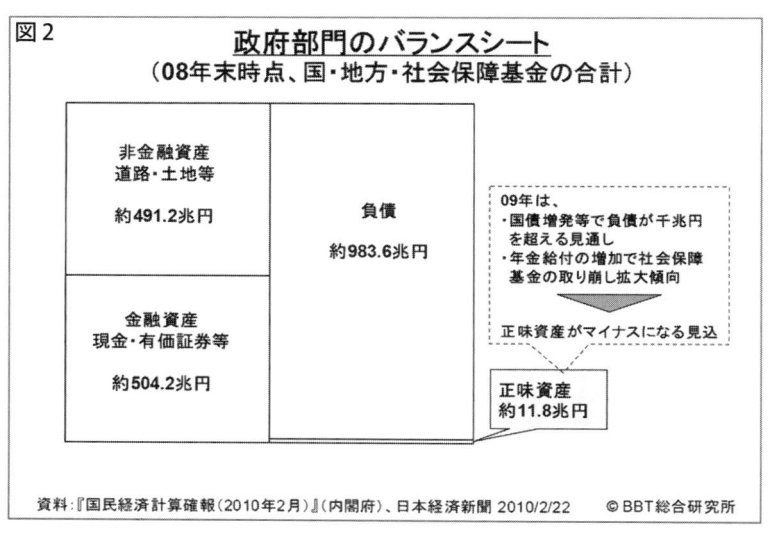

図2　政府部門のバランスシート
（08年末時点、国・地方・社会保障基金の合計）

非金融資産 道路・土地等 約491.2兆円	負債 約983.6兆円	09年は、 ・国債増発等で負債が千兆円を超える見通し ・年金給付の増加で社会保障基金の取り崩し拡大傾向 ↓ 正味資産がマイナスになる見込
金融資産 現金・有価証券等 約504.2兆円		正味資産 約11.8兆円

資料：『国民経済計算確報（2010年2月）』（内閣府）、日本経済新聞 2010/2/22　©BBT総合研究所

　資産部分は、「非金融資産」として「道路・土地等」が491.2兆円、「金融資産」として「現金・有価証券等」が504.2兆円と書かれている。しかし、よく考えてみてほしい。国が持っている道路や土地は現金化できるものではない。この「道路・土地等」の中には、例えば東名高速道路も含まれているのだろうか？　道路公団の民営化と称して株式会社になったが、依然として国が100％所有しているので、これが有価証券に含まれていなければ、国道などと同じように道路・土地等に入っているのだろう。

　しかし、現実問題として東名高速道路を売って現金化することはできないだろう。箱根ターンパイクをオーストラリアのマッコーリー銀行が買って黒字化したが、東名のようなドル箱を売却して現金化すれば、赤字の路線が目立つだけである。ましてや収入がなく、修理費などの支出だけの国道を買ってくれる人などない。

つまり左側の資産の大部分は現金化できるはずがないことは誰が考えてもわかるだろう。「道路・土地等」は実際にはお金の価値がゼロに等しい資産なのである。

　要するに、国が持っているのは、流動性がきわめて低い資産だけである。バランスシート上に書かれている金額ほどの価値はない。「マイナスになるらしい」どころではない。現実はマイナスもマイナス、大マイナスなのだ。

◉「実は正味資産はマイナス」と言われたら？

　一方、「負債」のほうはどうか。先の図に示しているのは国債などの公債、つまり国民に対する負債である。その負債をもとにして計算した2008年末の正味資産が、かろうじてプラスの11.8兆円なったと見るべきである。
　問題は、この負債に「年金という隠れ債務」が含まれていないことだ。これを加味すると、実際には1500兆円くらいのマイナスになってしまう、という試算もある。そうすると、2008年はもちろんのこと、それ以前からずっと赤字が続いていたことになる。政府は都合のいいように計算して、数値上は黒字にしていただけのことである。
　ところが、そうした帳簿上のテクニックを使っても、ついに2009年の赤字は隠すことができなくなってしまった。問題はここにある。
　これまで自民党政府は、「正味資産はプラス」としていたから、

気前よく国債を発行していた。しかし、「実は正味資産がマイナスでした」と国が認めた、となれば、国債を引き受ける側が困る。国債を買っていた国民からすれば、「資産があるというから買っていたのに」「本当は資産なんてありませんと今さら言われても」と恨むのが普通だろう。

しかも、今回の「正味資産がマイナス」の発表はあまりにもタイミングが悪い。民主党政権は自民党政権時代を超える巨額の2010年度予算を組んで膨大な赤字国債を発行しようとしている。そんな矢先の発表だった。

欧州連合（EU）ではドバイ危機からの連想でギリシャの経済危機が危惧されている。その連想でPIIGSという言葉もささやかれている。ポルトガル、イタリア、アイルランド、スペインにギリシャを加えた財政破綻予備軍の総称である。しかし、国家財政の実態は日本のほうがこれらの国々よりはるかに悪い。

●日本の公的債務に関する錯覚

学者の中には、ギリシャ国債は外国が買っており、対外債務であるから危機になるのであって、日本国債は国民および日本の金融機関が買っているので投売りは起こらない、すなわち暴落の危険性は少ない、と解説する者もいる。まさに「曲学阿世の徒」と呼ぶにふさわしい解釈である。

海外の投資家が日本の公的債務をまだ比較的安全と見ているのは錯覚に基づいている。つまり、危なければ誰も買わないか、高利回りにしなくてはいけないだろう。それが、日本の場合にはまだ1％

台で発行し、買い手がいるのだから安心なのだ、という錯覚である。

いざとなれば自分たちが預けたものは返ってくる、と信じているが、どの金融機関も日本国債がコケた時には返済資金は当然ない。

もう一つの錯覚は、外国人が持っているわけではないから（ギリシャやアメリカなどとは違う）、というものである。下の図3でも明らかなように約6％（44兆円）は外国人が所有している。彼らが一斉に売り浴びせれば、ダイナマイトどころのインパクトではすまない。日本の金融機関も当然パニックに襲われ、狼狽売りせざるを得ないだろう。そのとき国民は初めて自分たちの安全と思った貯金や生保、信託などが実は裏側で国債に化けており、それが国家のルーズな財政を助長していたのだ、と気がつくのだ。

金融も財政も、すべては物理学の法則に従う。将来から借金すれば、誰かが将来払わなくてはならない。呼び方や経路を変えても「質

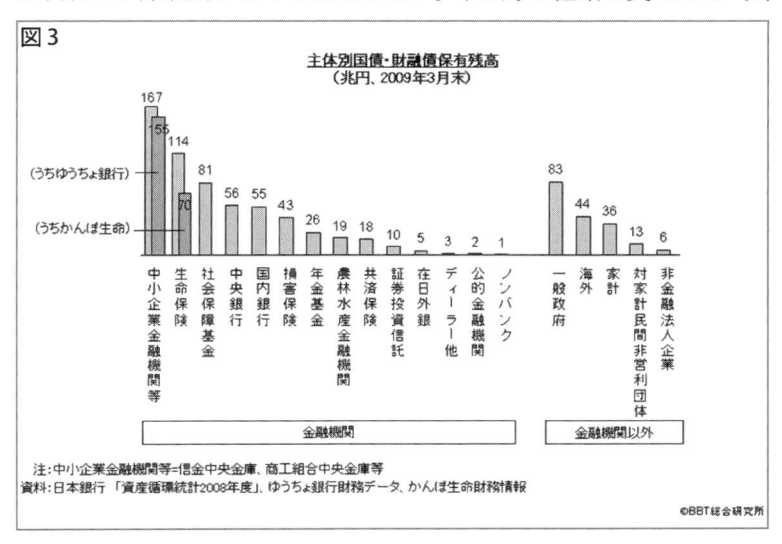

図3 主体別国債・財融債保有残高
（兆円、2009年3月末）

中小企業金融機関等	167
（うちゆうちょ銀行）	155
生命保険	114
（うちかんぽ生命）	70
社会保障基金	81
中央銀行	56
国内銀行	55
損害保険	43
年金基金	26
農林水産金融機関	19
共済保険	18
証券投資信託	10
在日外銀	5
ディーラー他	3
公的金融機関	2
ノンバンク	1
一般政府	83
海外	44
家計	36
対家計民間非営利団体	13
非金融法人企業	6

注：中小企業金融機関等＝信金中央金庫、商工組合中央金庫等
資料：日本銀行「資産循環統計2008年度」、ゆうちょ銀行財務データ、かんぽ生命財務情報

©BBT総合研究所

量保存の法則」のように、マジックはなく、収支が一致しなくてはいけない。借用証書を書いて時間軸をずらすことはできるが、負債が消えることはない。とくにデフレ下で人口減少とくれば、より少ない人で過去の太った借金を返していかなくてはならない。

10年以上も前からこの問題の危険性を指摘し続けてきた私でさえ、ギリシャからの連想が日本に飛ばないように「今は声を潜めなくてはいけない」という認識がある。

(nikkei BP net 2010/3/10 日経BP社 http://www.nikkeibp.co.jp/)

2 国が国民の資産を没収⁉ 国がたくらむ日本の財政破たん回避策

(◎大前ライブ 538：2010/5/2)

歳出入の差額　58.4兆円（13年度推計）

●日本人の集団心理が、逆に作用するときがいずれ来る

財務省は2011〜13年度の歳出入の試算をまとめました。高めの経済成長　と歳出削減努力を織り込んだケースでも歳出入の差額が13年度には58.4兆円に達し、民主党のマニフェストが財政を圧迫する構図が改めて鮮明になりました。

今回財務省は3つのシナリオを発表しましたが、いずれの場合にも将来日本はハイリスクカントリーになる可能性が高いことを示唆しています。

財務省が率先してこのような動きを見せることは、脳天気な民主

党への牽制という意味でも非常に良いことだと私は思います。

民主党は、何かといえば「マニフェストですから」と言いながら、相変わらず無駄遣いばかりを続けています。

日本の過去10年の歳入と歳出の推移を見ると、差額が全く縮まっていないことが分かります。それどころか近年では歳入は漸減し、約40兆円の歳入に対して、差額は1.5倍近い58兆円になろうとしています。

完全に破綻状態だと言えるでしょう（図4）。

このような状況にあっても、現在のところは世界の国から見ると日本の国債は金利が低く保たれていて、デフォルトリスクが高い水準にはなっていません。

国債購入者が多ければ金利は低く、少なければ金利は高くなり、

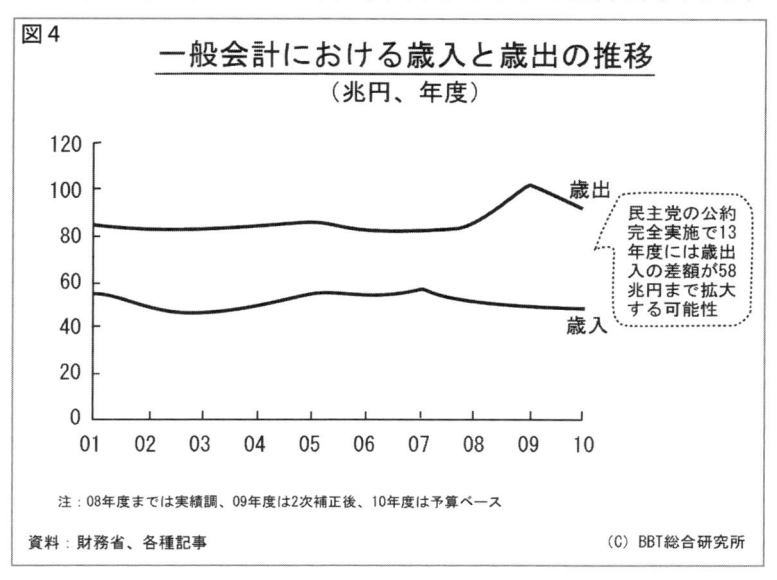

図4 一般会計における歳入と歳出の推移
（兆円、年度）

民主党の公約完全実施で13年度には歳出入の差額が58兆円まで拡大する可能性

注：08年度までは実績調、09年度は2次補正後、10年度は予算ベース
資料：財務省、各種記事　　　　　　　　　　　　（C) BBT総合研究所

価格は下落します。日本には国債以外にこれと言った投資対象はなく、邦銀・生保・郵貯などが未だに国債を大量に購入しています。ゆえに、歳出入の差額がこれほど悪化していても、日本国債は低金利を維持できているのです。

しかし、どこかのタイミングで日本国民が「貯金をしても、結局裏では国債を買っている」ということに嫌気がさして、郵貯や銀行預金をやめることがあれば、その時には国債の金利は上昇し、国債価格は下落します。

現在の日本人の心理からすると「赤信号、みんなで渡れば怖くない」という状況だと私は思います。しかし、将来「誰も渡らない」という状況になったら、日本人の強い集団心理が作用して、一気に国債以外のモノへ流れる可能性も高いと私は見ています。

◉日本のキャタストロフィーに対する手段は、どれも一長一短

事態の変化に備え、自分の金融資産を守るために国民が取りうる手段は次の3つです。

1. 国際分散投資
2. 不動産投資など（金融商品以外のモノ）
3. タンス預金

かつて平成維新の会で、私はタンス預金を推奨したことがあります。どうせ国に預けても無駄遣いされるのであれば、タンス預金の方がよほど安全だし、その方が国にとっても締りが出るからです。

しかし、この策も万能ではありません。今後、国がどう対応してくるかを考えると、1つの可能性として「ハイパーインフレ」が考

えられます。

　国が抱える800兆円の借金を帳消しにするくらいのインフレです。そうなってしまったら、タンス預金をしていても資産を守ることはできません。

　その場合には、国際分散投資をして「海外に資産を移す」あるいは「外貨預金をする」ことでリスクヘッジができるのでは？と考える人も多いと思います。が、実際には100％安全とは言い切れません。程度にもよりますが、「預金封鎖」をされてしまったら、これらの資産であっても没収されるからです。

　実際、アルゼンチンやブラジルの例では、シティバンクのブエノスアイレス支店にドル預金をしていた資産であっても封鎖されたことがあります。外銀まで預金封鎖の対象になることがあるのです。

　資産を海外に移す、あるいは外貨で資産を持つという手段は、確かに為替リスクを回避するには有効です。しかし、預金封鎖には耐えられません。

　日本でオペレートしている外銀に対して、どこまで日本政府が手をつけるのかは予測不能ですから、この手段にも穴はあると言わざるを得ないでしょう。

　タンス預金は預金封鎖には有効ですがハイパーインフレに弱く、一方、　国際分散投資はその逆の特徴を持っています。そうなると、不動産や金などのモノに換えておくという手段にも注目するべきでしょうが、もちろん完璧にリスクをヘッジできるわけではありません。

　いずれの方法にしても完璧な対応策ではなく、日本の将来のキャタストロフィーに対して、すべての可能性に一長一短があります。

　逆に言うと、そう国民に思わせているから、日本国債が未だに買

われ続けているのだと言えるでしょうが、昨今のギリシャの財政状況の悪化を見ても、日本にしてもどこまで耐えられるのか、私は大いに懸念しています。

(大前研一「ニュースの視点」2010/05/07)

3 ギリシャ、財政再建へ国土売却⁉

(◎大前ライブ 546：2010/6/27)

「ギリシャ、借金のカタに国土売却⁉〜危機においてリーダーは大衆迎合するな」

> ギリシャ財政　財政再建へ島を売却　国内に約6000島
> 英財政健全化策　　　イギリス政府

●財政危機は、ギリシャの島々の売却まで追い込む

　5月25日付の英紙が報じたところによると、財政危機による信用不安に直面するギリシャは財政健全化のため、国内に約6000ある島の一部の売却を始めました。

　ミコノスやロードスといった人気観光地の島の一部も対象で、長期のリース譲渡にも応じるということです。

　先日私は似たような趣旨のことを雑誌に書いたばかりで、それが現実のものとなってしまい少々驚きました。

　ギリシャ支援のための負担を強いられたドイツでは与党政治家から「ギリシャは島を売って借金を返せ」との声が上がっていました。

発言そのものは感情的なもので、それほど実現性を考えたものではなかったと私は感じましたが、ギリシャ政府としては実際にそれくらいの「誠意」を見せなければ外国からの支援を受けられないと理解したのでしょう。

　例えば、イオニア海のナフシカ島1200エーカー（約4.9平方キロ）は全体が約1500万ユーロ（約16億5000万円）で売りに出ているとのことです。

　私もこの島に訪れたことがありますが、非常に美しい島です。こういった島には歴史的に価値があるものもありますが、個人が所有しているという島もあります。

　ロシアや中国のお金持ちならば、エーゲ海の美しい島を購入するという選択肢は大いに「アリ」だと私は思います。

　島全体の売却だけではなく、ミコノスやロードスといった人気観光地の島は部分的に対象となるようです。ただし3兆円規模の借金を返済するためには、かなりの数の島を売却する必要がでてきます。

　ここには財政再建に向けてのギリシャ政府の「決断」の強さを感じます。ギリシャの最高の売り物は世界中の憧れの対象となっている美しい島々です。

　この取引が成功したとして、私としてはむやみな乱開発をしないで欲しいと思います。美しい島を壊さないために政府が一定の枠組みをつけて売却するべきでしょう。

　このギリシャの動きを見て困っているのは、ドバイだと思います。ドバイは以前から島の売買取引を行っていましたが、ギリシャの島々とは「格」が違います。歴史的にも全く歯が立ちません。

　そこまで価値のあるものを「売る」という選択肢を取らざるを得

ないのがギリシャの現状です。財政危機は最後にはここまで行くのだと、日本はギリシャを見て感じ取って欲しいと思います。

英政府は22日、財政再建のため、日本の消費税にあたる付加価値税の税率を、現在の17.5％から20％へ引き上げることなどを盛り込んだ、緊急予算案を発表しました。

キャメロン首相の行動の早さと決断力、そしてリーダーシップは素晴らしいと私は感じました。

この財政危機に際して英国はもはや「景気刺激」などとのんきなことを言っている場合ではなく、「財政再建」しかないと判断したのでしょう。財政再建の骨子を見ても、強い姿勢が感じられます。

英政府の財政再建の骨子と日本の方針を比較すると、両者の違いが明白です。

- 「財政再建の目標」について
  【英国】2015年までに財政赤字の対GDP比率を10.1％から
  　　　　1.1％に減少
  【日本】15年度までに国と地方を合わせたプライマリーバランス
  　　　　をGDP比で「10年度の水準からの半減」を目指す
  　　　　国地方の債務残高については「21年度」以降、
  　　　　安定的に低下させる
- 「歳出削減の目標」について
  【英国】4兆円の歳出削減
  【日本】10年度の当初予算を11年度から3年間の上限予算とする
  　　　　11年度の新規国債の発行額を10年度以下に押さえる
- 「税制の変更」について
  【英国】付加価値税を引き上げ、銀行税を導入、法人税率を引き下げ
  【日本】未だ決定事項なし

キャメロン首相は、こうした強い方針を次々と決定しました。7月5日号のTIME誌にも掲載されていましたが、首相オフィスの前で自らのカバンを前に出して、「これが予算（バジェット）だ」と示した姿は非常に印象的であり、断固たる決意を感じました。

リーダーというのはこうであるべきです。世論を見ながら「消費税を10％と言ったけれど、7％くらいで」という日和見な姿勢ではお話になりません。

議論をするばかりで「これはまだ決定ではないから」などと述べるのもリーダーとしては失格でしょう。

いい加減なことを言わず、すぐにポジションをとるのがリーダーとしてあるべき姿勢です。

世論を聞いて妥協せず、一発で決めるのがリーダーです。おそらく今回の英国政府は財政赤字の対GDP比率を10.1％から1.1％に減少という目標を達成すると思います。

2014年までの自らの任期中に達成しなければ、次はないと考えていると思います。

日本は政治家もマスコミも、そして国民自身もだらしないと言わざるを得ないでしょう。いい加減な態度を示す政府も問題アリですが、リーダーシップの欠片もない彼らを許容している国民にも問題アリです。

リーダーの資質の1つは削るべきものは削りつつ、全体のバランスをしっかりとることです。英国では、公務員の賃上げを2年凍結、子供手当を3年間停止、福祉給付の抑制、などの大幅な削減が決定しています。

厳しい決定ではありますが、全体のバランスは考慮されていると

思います。

　G20に出席した日本の菅直人首相は、未だに「景気刺激も大切」などと述べているようですが、ぜひ英国の事例を参考にして、リーダーとしてあるべき姿を見直してもらいたいところです。

（大前研一「ニュースの視点」2010/7/2）

4　日本は国債暴落を防ぐための最後の修羅場へ

（◎大前ライブ 548：2010/7/11）

　財政問題は、日本だけでなく欧州でも重要なテーマになっている。財政再建を第一に考えれば、歳出を抑えて税収を上げなくてはいけない。しかし景気回復を優先するのなら、税収が少ない中で歳出が増えて財政が悪化していく。財政再建と景気回復はまさに二律背反だ——というのが多くのエコノミストに共通する意見である。

　ところが、欧州中央銀行（ECB）のトルシェ総裁は、それを否定して重要なことを言っている。「財政再建をしたら景気が失速するという考え方は間違っている。財政健全化こそ持続的成長につながる」というのである。

●ようやくメディアも日本の財政危機の本質を取り上げた

　トルシェ総裁の発言はきわめて教科書通りでまっとうな意見だと思う。私も国債の大量発行と財政悪化の問題については、本連載を

はじめ近著『民の見えざる手』(小学館) などを含めいろいろなところで繰り返し発言してきた。民主党のバラマキ政策によって財政の悪化に拍車がかかり、このまま突き進めば財政破綻したギリシャ以上に立ち行かなくなる可能性があるのだ、と。

　しかし残念ながら、日本のメディアは政府が「消費税増税で財政再建」と言えば「景気に悪影響を及ぼす」と声高に叫ぶだけ。逆に、「景気回復のための財政出動」と言えば、それはそれで「バラマキだ」と批判する。日本の財政をどう立て直すのか、経済をどうやって回復するのかという議論はなく、結局は政府のやることを批判しているだけだ。

　ところが、ようやく私が主張するような内容の記事を「日経ビジネス」誌7月12日号が掲載した。「日本倒産 あなたは消費税30%に耐えられますか」という特集を組み、今の財政赤字を解消するには消費税を30%に引き上げなければならないとしている。私にしてみれば「今頃カバーストーリーになっているのも、のん気な話だ」という思いもないではないが、取り上げられないよりはずっと良い。

●国債を国民が買わなくなったとき、暴落のトリガーが引かれる

　特集で取り上げられている個々のテーマは、これまで私が指摘してきたことに近い。扉ページの写真では、ギリシャ・アイルランド・イギリス・米国・スペイン・フランス・イタリア、そして日本などをドミノに見立て (いずれも累積債務が多く財政赤字がマイナス方向に大きい国ばかり)、それが倒れていく様子を描いている。私がこれからの世界経済を「積み木倒し」と指摘していることと同じイメージだ。

日経ビジネスは「アソシエーション（類推・連想）の危険性」についても指摘している。私の言う「次はどこか？」という連想ゲームのように忍び寄る危機のことだ。現在世界がもっとも懸念しているのはギリシャ危機だが、「ギリシャの次はどこか」と類推が始まると、危機は別の国に飛び火する。つまり、ドバイショックのソブリンリスク（政府債務の信認危機）はギリシャからスペインに飛び火し、各国を巻き込みつつ、やがて日本を襲うというわけである。1990年代後半にタイから始まった通貨危機がインドネシアやマレーシアに飛び火し、やがて韓国に波及してアジア危機になったように、だ。

　今回の特集は、私が過去に指摘してきたことを手際よくまとめてくれたような印象がある。ただ日経ビジネス1誌だけではなく、NHKや朝日新聞、日本経済新聞などがもっと国債問題や財政問題を取り上げ、国民の間で議論を深めてほしいものである。残念ながら、まともにこのような主張をしているところはほかにはまだない。

　いずれにせよ、今の国債バブルが永遠に続くわけではない。いつかはそのバブルが弾ける。日本の国債がいまだに弾けないのは、基本的に日本国内で消化しているからだ。しかし、現状でも40兆～50兆円の日本国債を外国人が買っている。その分を空売りされたら国債バブルは弾け、大変なことになる。

　私は最近、国債の買い手が躊躇し始めていることを懸念している。日本国民が日本国債を買うことを放棄したとき、空売りは本格的に始まり、暴落のトリガーが引かれる。

●最優先すべきは財政規律、その間は社会福祉も後退せざるを得ない

　トルシェ総裁が「財政健全化こそ持続的成長につながる」と発言したのに対して、菅直人首相は今年6月のG20（20カ国・地域首脳会議）で「強い経済、強い財政、強い社会保障」などと訳のわからないことを言っている。そもそも、この三つを同時に実現できるのだろうか。歴史を振り返って見ても、そんなことを実現できた政治家は世界を見渡しても誰一人としていない。実現不可能なことを平然と言ってしまうあたりが菅首相の恐ろしいところだ。

　企業経営者なら誰でも知っているが、今は選択と集中の時代である。「価格を上げて、コストを下げて、売り上げを伸ばす」というノー天気なことをいう人は少なくなった。"いいとこどり"はできない、ということを皆良く知っている。

　菅首相は三つの目標のうち何を一番重視し、どのような優先順序で政治を行おうとしているのか、それを考えなくてはならない。当然財政規律が最優先順序で、その間は社会福祉も後退せざるを得ない、ということである。

　カーター以来続いた民主党のバラマキで悪化したアメリカの財政建て直しのためにレーガンは国家による福祉を放棄する施策に打って出た。401k（確定拠出年金）という自己責任の年金制度に税制上の優遇措置を与え、運用は自己責任でやってくれ、と宣うたのである。

　「強い経済、強い財政、強い社会保障」の一部を選択し、死ぬ気

でやるなら実現も可能だろう。たとえば北欧は租税負担率を50％にして強い財政基盤を作った。だからこそ、強い社会保障を実現できた。国民は税金が高くとも、年金や病気のときの面倒を国がきちんと見てくれるから不満は少ない。貯金をしなくてもイザというときは国が面倒を見てくれるのである。その代わり、決して経済は強くはないし、成長性も高くない。しかし社会は安定し、生活水準は世界最高レベルである。

　日本も決意すれば、北欧のような高福祉社会を実現することも可能だろう。であれば、民主党はそういうビジョンを国民に示す必要がある。租税負担率を50％まで高めるが、その代わり安心した生活を提供すると。国民がそれに納得すれば、その道を邁進すればいい。

　だが、それは現実的には難しい。日本の国民はそこまで国家を信頼していないからだ。また財政規律と社会福祉が二者択一になったときに国家による社会福祉を選択する国民がそれほどいるとも思えない。子ども手当や高校の無償化が評価されなかったのは、それが国民の要求する基本的な政策だ、と認識していないからだと考えられる。

　財政規律を回復しないで国債がデフォルト（債務不履行）状態に陥れば、貯金・年金・保険・信託などすべての金融資産が失われるし、また預金封鎖も現実には行われるであろう。日本の歴代の自民党政権がやってきたバラマキの結果がどのようなモノか、これを放置するとどういうことになるのか、国民の金融資産を差し押さえることなしに国債暴落からの回復はあり得ない、ということを国民に分かりやすく説明すれば、「財政建て直し」が最優先という選択を

するに決まっている。

 それでもまだ福祉、というならやればよい。私もいろいろなところで発表しているが景気回復については税金を使わない方法がまだまだたくさんある。だから最終的には福祉を後回しにしても財政規律という選択になる。財政に関してはまず20兆円くらいの予算を削り、その上で消費税に手をつける、という順序であろう。

(nikkei BP net 2010/ 7/20 日経BP社 http://www.nikkeibp.co.jp/)

5 日本の資産600兆円は砂上の楼閣に過ぎない

(◎大前ライブ556：2010/9/12)

 民主党代表選で菅直人首相が再選されたのはご承知の通りだが、選挙期間中、私は何より菅首相と小沢一郎氏の財源問題に関する議論に注目していた。二人とも選挙演説でしばしば財源問題に触れていたからである。

 結論を先に言えば、以前から私が指摘してきたように、民主党はやはり財源問題の本質を理解していない。ある意味では今回の代表選は、民主党およびそのアドバイザーたちの無理解ぶりを改めて浮き彫りにしたものだったと言えよう。

●国有財産の証券化をめぐる小沢氏と菅氏のトンチンカンな議論

 選挙戦でテーマになった財源問題とは、小沢氏が提案した国有財

産の証券化のことだ。それによって政策財源を捻出(ねんしゅつ)するというのが彼の新しいアイデアである。それに対して菅首相は「流動性が低くなって、国債より高い金利になるのではないか」と否定的な見解を示していた。

　だが、国有財産の証券化の何たるかを理解すれば、両者の議論がまったくトンチンカンであることがわかるはずだ。そもそも国有財産はすでに証券化されている。国債とは、国有財産を証券化したものなのだ。

　一般人の借金に例えて解説しよう。あなたが銀行からお金を借りるとする。その際、大抵の場合は担保を求められる。万一あなたが返済不能となったとき、その担保を借金の代わりにするからだ。

　では、国債の担保とは何か。国有財産および将来の税収である。日本の場合、税収は歳出の半分もないので、ほかに国債の担保となるものは国有財産しかない。国債が債務不履行になったとき、国は国有財産を売ってでも返済する必要がある。その保証があるからこそ国債には価値があるのだ。

　かつて「塩爺(しおじい)」こと塩川正十郎さんが財務大臣だった頃、日本の国債格付けがボツワナ並みになったときに「人口の半分がエイズの国と同格とは何事か！」と言って憤っていたが、これがまさに国債というモノなのである。日本人は働いて返すしかないが、ボツワナにはダイヤモンドの原石が豊富にある。この資産を売れば国の借金は返済される、という前提で格付けが行われているのである。

　繰り返すが、国債の裏付けになっているのは国有財産と将来の税収（国民の負担）の二つである。小沢氏の国有財産証券化のアイデアは、この構造を破綻させるものだ。なぜなら、それは国有財産の

うち価値のあるもの、金目のものを抜き出して、それを証券化しようというアイデアなのだから。

●国の資産のうちキャッシュになるのは200兆円ほどとされるが…

　国の資産は完全には公開されていないが、普通600兆円くらいある、と言われている。そのうち200兆円くらいがキャッシュを生むものとされている。そこでこの200兆円を取り出して証券化する。なぜなら証券化（セキュリティゼーション）するにはキャッシュフローがなければならないからである。

　東京大学を例にとれば、土地を売却してしまえば一時金として何兆円かにはなるだろう。しかし、代替地を見つけてキャンパスを新設して大学を継続運営するとなると、新たにかなりの額が必要となり、あまり資金は残らないかも知れない。授業料収入があるのでキャッシュフローがあると思っている人がいるかも知れないが、国がその3倍の補助金を出して成り立っているので、証券化はできない。正味現在価値がマイナスだからである。

●国債の大半を裏付ける担保が失われ、国債は暴落する

　何はともあれ、とりあえず200兆円分の証券化を行ったとしよう。既発行の国債が暴落する。理由は簡単で、今までの国債の裏付けとなっている資産のうち優良なものだけを抜き出すわけだから、残った国債の裏付けは将来の税収とキャッシュにならない国有財産だけとなる。国道とか港湾、そして護岸壁などである。無価値あるいは

キャッシュにならない国有財産だけで、残る国債700兆円分のお金を調達できるはずがない。小沢案を実現すると、国債の大半を裏付ける担保が失われることになる。それでは国債が暴落してしまう。

　企業経営者なら誰でも知っているように、企業は資産を持ちながらキャッシュがなくて倒産することがある。いわゆるキャッシュフロー倒産、資金繰り倒産というヤツだ。日本国もイザというときに返済の原資を持っていれば900兆の国債でも凹むことはない。今のところ国有財産では200兆が限界だろうと思われている。

　なぜみなが安心して国債を買っているかと言えば、イザとなれば民間金融資産を政府が略奪するだろう、という仮定、あるいは誤解をしているからである。少なくとも諸外国のトレーダーはそう考えている。略奪の仕方はハイパーインフレにして国の借金を帳消しにするなど、国民が手を出せないいろいろな方法が研究されている。

　代表選での議論に戻ると、国有財産の証券化が国債そのものだったとわかると、小沢案に対する菅首相のコメントも的外れだったことが理解できるはずだ。菅氏は「流動性が低くなって、国債より高い金利になるのではないか」と指摘していたが、問題は流動性うんぬんにあるのではない。国有財産という一つの担保で国債を売り、そのうえ新たな証券（仮に新証券と呼ぶ）も売る。これは道義的に見てもおかしいことではないか。

●日本の知的レベルの低さが世界に知れ渡ってしまった

　再び一般人の借金に例えてみよう。あなたが自宅を担保にA銀行からお金を借りたとする。その後、同じ自宅を担保にしてB銀

行からお金を借りる。こんなことはA銀行もB銀行も納得しない。同じ資産を二重に抵当に入れているようなことはまともな金融機関なら即拒否するだろう。

　つまるところ、小沢案とはそういうことだったのだ。国有財産と将来の税収という限られた担保だけで、国債も売り、新証券も売る。仮に債務不履行になったとき、小沢氏はどうするつもりなのか？　菅首相はそういう指摘をすべきだったのである。

　当然ながら債務不履行になったときは、新証券よりも国債が優先されなくてはいけない。自宅を担保にA銀行とB銀行から借金した場合は、先に契約したA銀行が優先される。当然のことだ。となれば、B銀行（つまり新証券）にとってはまったく価値がないことになる。こうした問題の本質を理解すれば、両者の考えがいかに的外れであるかがすぐにわかる。

　どこかの新聞記者が「小沢さん、すでに国有財産はすべて証券化されているのですよ」と一言指摘すれば、一瞬で消え去るような価値のないアイデアだった。こうした幼稚なアイデアを政治家に提供しているレベルの低い学者、およびその説を理解もせずに「国家の政策」として高らかに謳う代表（総理）候補。それを批判も分析もなく垂れ流すマスコミ。すべて含めて日本の知的レベルの低さが世界に知れ渡った代表選であった。

◉無利子国債にどんなメリットがあるのだろうか

　思い返せば、小沢氏は以前にも無利子国債という提案を行っていた。この説を最初に唱えたのは亀井静香氏だったと思うが、無利子

国債を買ってくれたら、その分だけ相続税を免除しようというアイデアだ。これも相当トンチンカンな発想である。

国民はゆうちょ銀行、かんぽ保険、他の銀行や生命保険会社にお金を預け、それらの金融機関は裏で国債を買っている。つまり国民はすでに大量の国債を間接的に買っているのである。

では、国が無利子国債を発行し、国民に直接買ってもらうことにしたとしよう。すると国民は銀行からお金を下ろして（あるいは銀行にお金を預けずに）、無利子国債を買うことになる。結局は経由先が違うだけで、お金の出るところと入るところは同じではないか。無利子国債の発行を新たな財源として期待する人もいたようだが、こういうふうに説明すればそれがとんでもない間違いであることがわかっていただけるだろう。

日本人の持つ金融資産の大半が何らかの形で最後は国債に化けていることを知れば、利子の付く預金を下ろして相続税がかからない無税国債を買うことになる。政府のもともと出していた「借用証書（国債）」を買うルートが異なる、というだけである。タンス預金や海外の隠し口座から持ってくる人もいるだろうが、大半は単に種類の異なる国債間の買い換えに過ぎない。国の財源にとっては何の変化もない。それどころか、将来国は相続税を取る機会を失うことになり、購入者は利回りを失う。誰にとって何のメリットがあるのか、頭を冷やして考えてもらいたい。

◉ 100兆円分あると言われる国有財産の実態は？

ところで、国債を裏付けしている国有財産にはどういうものがあ

るのか。それを最後に眺めてみよう（下図）。

　少なくとも財務省が発表している国有財産の総額は約100兆円で、学者が唱える600兆円とか、流動性のもととなっていると小沢氏が思っているに違いない200兆円にはほど遠い。財産の中味は大きく行政財産と普通財産に分けられる。行政財産を詳しく見ていくと、防衛施設や一般庁舎、皇居や皇居外苑、新宿御苑、赤坂御用地などがある。しかし、防衛施設を売ると言って誰が買ってくれるのだろうか。

　一見売却しやすそうに見えるのが、企業用財産の立木林（国有林）である。しかし、これらは「いずれ売ろうと思っていたが、まったく売れなかった」大赤字の林野である。仮に売れたとしても「切り出すだけで赤字」と言われる林野では二束三文にしかならないだろう。

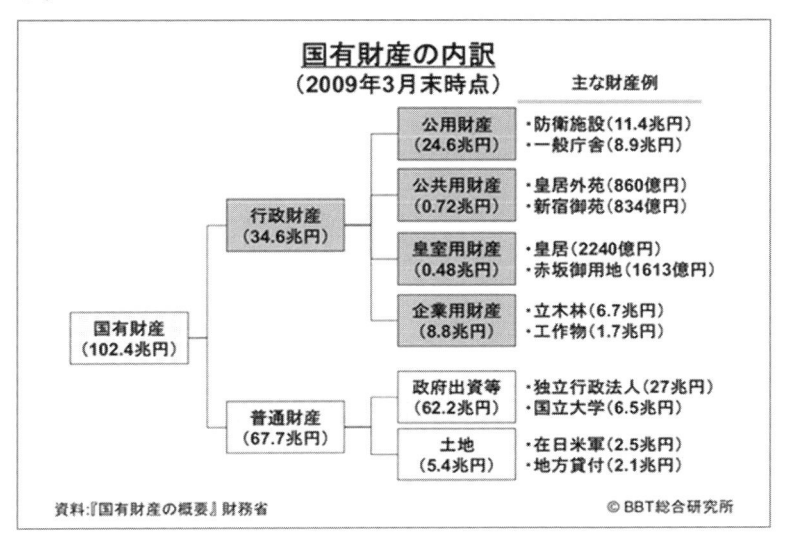

国有財産の内訳
（2009年3月末時点）

国有財産 (102.4兆円)			主な財産例
行政財産 (34.6兆円)	公用財産 (24.6兆円)		・防衛施設(11.4兆円) ・一般庁舎(8.9兆円)
	公共用財産 (0.72兆円)		・皇居外苑(860億円) ・新宿御苑(834億円)
	皇室用財産 (0.48兆円)		・皇居(2240億円) ・赤坂御用地(1613億円)
	企業用財産 (8.8兆円)		・立木林(6.7兆円) ・工作物(1.7兆円)
普通財産 (67.7兆円)	政府出資等 (62.2兆円)		・独立行政法人(27兆円) ・国立大学(6.5兆円)
	土地 (5.4兆円)		・在日米軍(2.5兆円) ・地方貸付(2.1兆円)

資料:『国有財産の概要』財務省　　　©BBT総合研究所

普通財産を見ていくと、独立行政法人や国立大学、在日米軍の土地などがある。独立行政法人と言えば、「××研究所」のような名称がついていたりするが、そんな正体不明の法人を買ってくれるのはどんなところだろうか。在日米軍の土地を売却するなら、その前に米軍に撤退してもらわないといけない。売却までの道はかなり遠い。

◉仮に東京大学をハーバード大学に買ってもらったらどうなるか

　東京大学に関してはすでに述べたが、ブランドだけ欲しい人がいるかもしれない。しかし、それはそれで「いかがなものか」である。大学には入学金や授業料という収入があるが、それ以上に相当の税金がつぎ込まれている。逆に言えば、税金による支援なしには立ち行かない体制になっているのだ（まして東大は、日本の文教予算の１割を使うとも言われている金食い虫である）。

　この状況の下で、例えば３兆円の資産を有する米ハーバード大学に「東京大学を買ってくれませんか」と持ちかけたとするとどうなるか。大学単体では赤字なのだから、東京大学のままでは買ってくれないだろう。土地と建物を買って、「ハーバード大学 東京キャンパス」として運用するのではないだろうか。ハーバード大学は東京大学の経営を引き受けるのではなく、その土地でハーバード大学を経営するほうを選ぶだろう。その瞬間、ブランド価値は消滅する。

　以上が財務省の公開している国有財産の実態である。「100兆円」といってもその内実は決して金を生むほどのものではないことがわかるだろう。ましてや、国債の返却に耐える内容ではない。

日本の場合、国債はあくまで国民が勤労によって返済していくしかない。就労人口が毎年60万人も減っている日本で増え続ける国債をどうやって返していくのか、代表選はその辺の厳しさをまったく理解しない二人によって（学者の粗末なアイデアに翻弄されながら）展開された。

　国有財産の多くは「政府の無駄遣いの塊」であり、とても資産価値やキャッシュフローをうんぬんするに耐えるものではないことを、この際多くの人に知ってもらいたい。

●国有財産の本当の価値を国民に知らせるべきではないか

　ではなぜ、一部の経済学者が「日本は900兆円の借金に対して600兆円の資産があるから国債は安全である」などと言うのだろうか？　600兆円の資産のうち、100兆円分は前述した国有財産だ。残りの500兆円の大半は港湾や国道などである。

　となると日本が債務不履行になったとき、国債を保有している債権者としての国民は地方の国道を数メートルだけ担保の分け前としてもらうことになる。だが、そんな国道に何か使い道があるだろうか？　数メートル分の国道を換金する手段はあるだろうか？　換金できないものをもらってもしょうがない。しかも、国道が私道になるのだから固定資産税がかかるだろう。そんなものをもらっても誰もうれしくない。

　港湾もしかり。日本には1250の港湾があるが、赤字の施設をもらってもまったくありがたくない。私は以前、『日本の真実』（小学館）という著書で「日本の港湾はほとんど赤字だ」と書いたことがある。

すると国土交通省港湾局から「それは間違いだ」と指摘された。「ほとんど赤字」というのは誤りで、「すべて赤字」が正しいというのだ。黒字の港湾は一つもないと、港湾局が自ら指摘してきたのである。

　日本中に道路や港湾という施設を仮に持っていても、キャッシュフローを生み出さなければ価値はなく、債券化できるはずもない。賃貸料収入のないものを無理に債券化すれば、イカサマ不動産投資信託（REIT）みたいなことになってしまう（REITそのものはイカサマではない）。

　そう言えば以前、かんぽの宿の売却問題がニュースになったことがある。「国民の財産を二束三文で売却するとは何事だ」と鳩山邦夫総務大臣（当時）が激しく抗議したので記憶している人も多いだろう。しかし、キャッシュフローのないものはタダでも買わないのが当たり前で、二束三文になっても仕方がない。事実、大規模年金保養施設の「グリーンピア」ではタダでも買う人が出てこない事例があった。

　「日本は900兆円の借金に対して600兆円の資産がある」——。これは砂上の楼閣に過ぎない。経済不安の最中に延々と行われた今回の民主党代表選を無駄にしないためにも、ここで国有財産の本当の価値、そして国債とはそもそも誰が何を担保として発行しているものなのか、を国民に分かりやすく知らせる必要があるのではなかろうか。

（nikkei BP net 2010/9/22 日経BP社 http://www.nikkeibp.co.jp/）

2. グレートソサエティー (偉大な社会) を目指せ!

1 英キャメロン首相の「大きな社会」構想に注目

　いまや世界のほとんどの国が財政難に直面している。ヨーロッパ各国はギリシャ危機以降、この問題に厳しく取り組む姿勢を見せており、ギリシャやスペインなどは赤字削減に向けたシビアな対策を発表済みだ。そして最近、新たな動きを見せたのはドイツとイギリスである。

●経済が好調の中でも緊縮財政へ向かうドイツ

　ドイツのメルケル首相は7月21日、緊縮財政政策について「痛みを伴うが、実施すれば危機からいち早く脱出できる」と強調した。2009年秋に発足した連立与党は支持率が低下し、連邦参議院(上院)では過半数を失っているが、日本と同様な「ねじれ国会」を乗り切るため、あえて難題に果敢に取り組む姿勢を見せた。
　「緊縮財政をする」と言っても、ドイツの財政状況は日本よりも

はるかに良い。しかも、ユーロ安で輸出が勢いづいているため、現在のドイツ経済は好調に推移している。にもかかわらず、緊縮財政に挑むもう一つの理由は、ヨーロッパの他の国の模範になるためだ。欧州連合（EU）経済を支えるドイツが先駆けて緊縮財政策を打ち出すことで、バラマキ政策で国民の人気を取っているような国を牽制しているのである。

ギリシャ危機の本質は政府のバラマキ政策にあった。政治家は票を集めるために口当たりのいい政策に金を注ぎ、財源もないのに雇用を創出すると言って公務員を増やして放漫な政治を行ってきた。当然、借金は膨れ上がり、ギリシャ経済は疲弊しきってしまった。そのギリシャをドイツが支援したわけだが、ドイツ国民は「ギリシャはいい加減なバラマキ政治をするから危なくなるのであって、なぜドイツが助けなくてはいけないのか」という不満を抱いている。その不満がメルケル首相および連立与党の支持率を下げているのだ。

メルケル首相の支持率は40％を切るあたりまで落ちている。ドイツでは30％台になるとかなり危機的な状態と言われる。しかし現状を見渡すと、ドイツにはメルケル首相に代わる人材がいない。しばらくはメルケル首相の一人舞台が続くだろう。

◉「大きな社会」という新しい概念を提示した
イギリスのキャメロン首相

一方、イギリスの与党・保守党＋自由民主党の連立政権を率いるキャメロン首相は7月15日、「大きな政府（ビッグガバメント）」ではなく「大きな社会（ビッグソサエティー）」の建設を後押しする意

向を明らかにした。これは社会政策の多くを、慈善団体や社会的起業家などにゆだねる構想である。具体的な手法として、民間銀行の休眠口座の資金を元手に、「ビッグ・ソサエティー・バンク」と名付けた銀行を創設することも発表した。

　休眠口座とは、一定期間以上入出金のない銀行口座のこと。この残金を国への「寄付」とする法律をつくれば、かなりの額が集まるはずだ。これを資金に新しい銀行をつくり、社会政策を行う元手にするのだ。秀逸なアイデアである。キャメロン首相は選挙戦の頃からこのアイデアを出していたが、ここに来て大きく、かつ具体的に一歩踏み出した感じだ。税金を使わずに社会政策を充実させるアイデアを展開し、それを実行しようというキャメロン首相はただ者ではない。

　サッチャー以降、イギリスは「大きな政府」か「小さな政府」かで争ってきた。「大きな政府」とは、言ってみればバラマキ政策を行う政府だ。有権者に直接お金が渡る政策を行えば、選挙の票を集めやすい。しかし国の借金は増えるので将来は苦しくなる。ところが、慈善団体や社会的起業家などが参画するビッグソサエティーであれば、小さな政府のまま社会政策を充実させることができる、というのだ。

　日本にも休眠口座は数多く存在している。郵便貯金にも休眠口座は多い。郵便貯金は上限が1000万円とされていたので、一人が家族名義や仮名を使って5つも6つも口座を持っている例がある。しかし、口座を開いた本人が亡くなってしまえば、遺族もその存在に気づかず、そのまま休眠口座になってしまうのだ。おそらく数兆円ではきかないと思われるので、3年間不動の口座は国家に寄付、

と宣言すれば文句も出てこないと思われる。

●日本人は「グレートソサエティー」をつくる意識を持て

　菅直人首相も、休眠口座の活用を考えたらどうか。そして慈善団体や社会的起業家、非営利組織（NPO）などに限定しないで、「皆さんが社会活動に参画してください」と国民に呼びかけるのだ。キャメロン首相のやり方とは少し異なるが、公的な負担を減らすことができる。

　この連載でも何度か取り上げているが、私は税金を使わずに経済のパイを拡大する方法や社会活動を活発にする方法を提案してきた。その中では社会活動に個人が参画していくアイデアが含まれる。そのコンセプトを私は「グレートソサエティー」と呼んでいた。社会（ソサエティー）を各個人が参画してつくっていくという意識を定着させれば、「大きな政府」は必要なくなる。

　しかし日本人の意識はまだそうなってはいない。主体性が薄く、「お客さん」的な姿勢なのである。ホテルの住人みたいな意識でフロントに電話でもするかのように「おい、ゴミを集めに来ないぞ」と役所にすぐクレームの電話をかけたり、「子ども手当もちょうだい」と言ったりして行政サービスの要求はよくする。そのくせ「税金を上げるよ」と言えば拒絶する。こうした当事者意識の欠如が日本の財政を限りなく悪化させてきた。

　キャメロン首相の「大きな社会（ビッグソサエティー）」構想がしたように、税金を使わなくとも社会を豊かにし、経済を活性化する方法はあるのだ。これもまた『民の見えざる手』（小学館）の

一種である。日本もこの手のアプローチを考えるべき時に来ている。

（nikkei BP net 2010/8/4 日経 BP 社 http://www.nikkeibp.co.jp/）

2 イギリス・キャメロン首相の big society 発言 あなたが「菅直人」首相だとすればどうする

RTOCS：リアルタイムオンラインケーススタディ事例 ❸
（◎大前ライブ 551：2010/8/1）

> あなたが菅直人とすればイギリスの DAVID CAMERON が言った big society に啓発を受けて"great society"を通じて予算を削減する為のビジョンを如何に練り上げて発表するか？ビジョナリー指導者になりきって演説してみよう！

　キャメロンさんというのは、キャンペーン期間中から、ビッグソサエティー（big society）という言葉を使っているんですね。Youtubeなんかで見ると、中々、すごい演説をしてるわけですよ。最近もビッグソサエティーということで予算をカットすると。しかし、ビッグソサエティーになれば大丈夫なんだということで最近もこのキャンペーンが復活してるわけですけど、菅直人首相も、キャメロンさんのこのビッグ・ソサエティーに啓発を受けてもらって、デビッド菅という風にすると、そのことを国民に言う！　今の菅首相だとイラ菅だとか、空き菅とか、ブレ菅だとか、色々言われて、関西の人は単純に「アカン！」と言うわけですけど、いずれにして

もネガテゥィブですよね。そうじゃなくて、彼がここでデビッド・キャメロンの考えていることをよーく考えて、今の日本に適応して、今回のRTOCSでは、ただどうなりますかという質問じゃなくて、貴方がデビッド菅になったとして、ビジョナリーリーダーになったつもりで演説をするというテーマなんですよね。

その人になったつもりでやるというのは、私、大好きなんですよね。時々、コンサルタントしていて社長さんになったつもりで、「こんなのはどうなんですか？」とか言ったりする訳ですけど。皆がそういう風に考えてくると、今の様なレベルの低い政治家は、もたなくなりますよね。

学生なんかのほうがもっとすごいということになってくるとね。では、日本のGDPの成長率を見てみてください（図1）。経済対策を打つたんびに落っこちてきてるでしょ。これなにかというと、緊急何とか経済対策と言うたびに落ちてきちゃうんですね。ちょっと

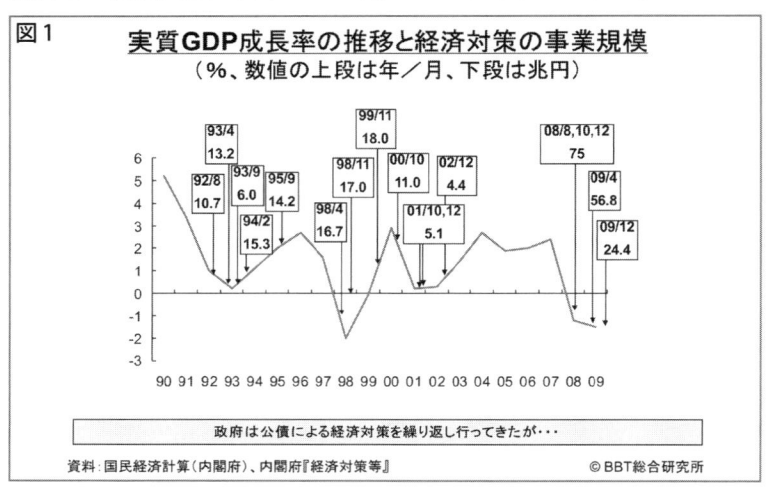

図1　実質GDP成長率の推移と経済対策の事業規模
（％、数値の上段は年／月、下段は兆円）

年/月	兆円
92/8	10.7
93/4	13.2
93/9	6.0
94/2	15.3
95/9	14.2
98/4	16.7
98/11	17.0
99/11	18.0
00/10	11.0
01/10,12	5.1
02/12	4.4
08/8,10,12	75
09/4	56.8
09/12	24.4

政府は公債による経済対策を繰り返し行ってきたが・・・

資料：国民経済計算（内閣府）、内閣府『経済対策等』　　　© BBT総合研究所

上がって、ちょっと落っこちるという、私はこれをバイアグラ効果と言ってるんですけど。何の効果もないのにまだまだまだ打ち続けてるという、こういうことですよね。

それで名目と実質GDPの差（図2）、つまりこれがデフレ要因というやつで来てるわけですよ。名目GDPは1990年台後半から減少に転じるという、すさまじい状況になったということです。

これが（図3）、一般会計の税収と歳出、従ってギャップが公債費になりますけどね。公的な債務を発行してると。赤（上の折れ線グラフ）とブルー（下の折れ線グラフ）の間が公的な債務になってとんでもないものを作って、もはや年間に40兆円、50兆円の公的債務がないと生きてられないという体質になってしまった。

それで世界最高の対GDPの負債比率を持ってるということで、今、700兆円、地方自治体まで入れると800兆円をはるかに超えてるとこういう状況です（図4）。一般会計の税収で補おうとすると19

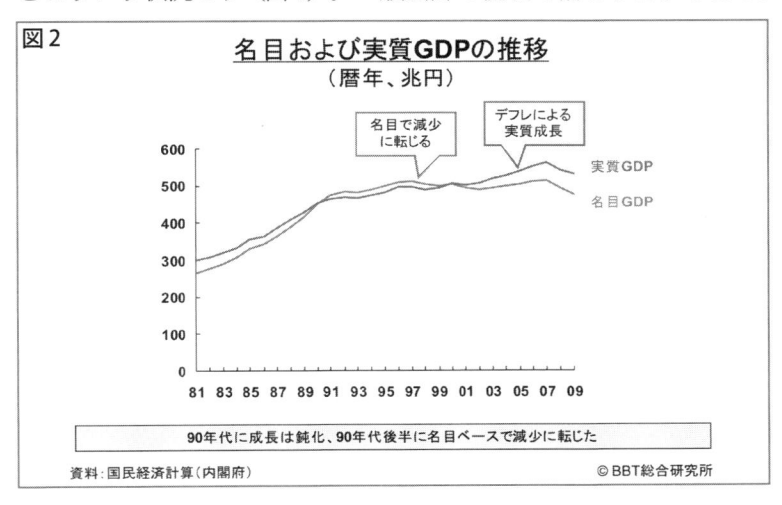

図2　名目および実質GDPの推移
（暦年、兆円）

90年代に成長は鈍化、90年代後半に名目ベースで減少に転じた

資料：国民経済計算（内閣府）　　　　　　　　　　　©BBT総合研究所

年分です。今の日本政府は、これを返す予定が全くなくて、少なくともこれ以上債務を増やさなくていい、これで止めるという、これをプライマリーバランスといいますけど、そこに行くのに 10 年と

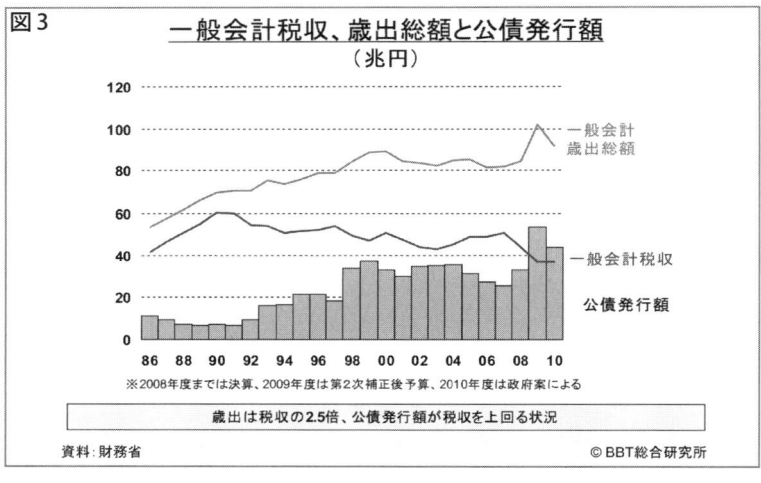

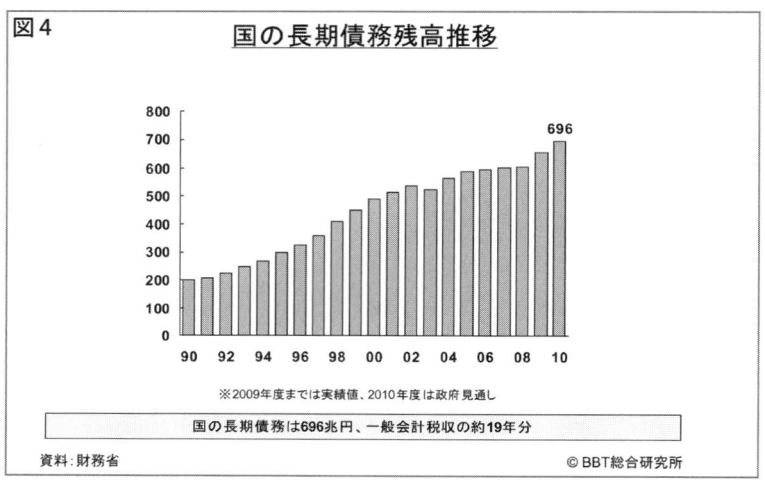

図3　一般会計税収、歳出総額と公債発行額（兆円）

※2008年度までは決算、2009年度は第2次補正後予算、2010年度は政府案による

歳出は税収の2.5倍、公債発行額が税収を上回る状況

資料：財務省　　　　　　　　　　　　　　　　　　　　© BBT総合研究所

図4　国の長期債務残高推移

※2009年度までは実績値、2010年度は政府見通し

国の長期債務は696兆円、一般会計税収の約19年分

資料：財務省　　　　　　　　　　　　　　　　　　　　© BBT総合研究所

民主党は、言ってますからとんでもないですね。

一般会計の歳出の内訳を見ると（図5）、社会保障費27兆円とありますね。国債に対して20兆円払ってます。従って、毎年20兆円位削らなくてはいけないということは、国債に対する費用20兆をカットするということですけど、そうするとデフォルト（債務不履行）になりますね。利回りのない国債を買う人いませんから、デフォルトを起こします。地方自治体に対する交付税が17兆円。ということで一律カットというのは、全部一律10％とこういうことですね。

私はそれに対してちょっと開き直って、日本のこの18～20年近くみると、どこにそもそも問題があったのかということで、デビッド菅と致しましては、これを少し距離を置いて見ると、この3つに集約されると、日本の危機的財政の三つの反省（図6）、1.景気刺激のために血税を使ってきたが、今みたように効果がなく、その結

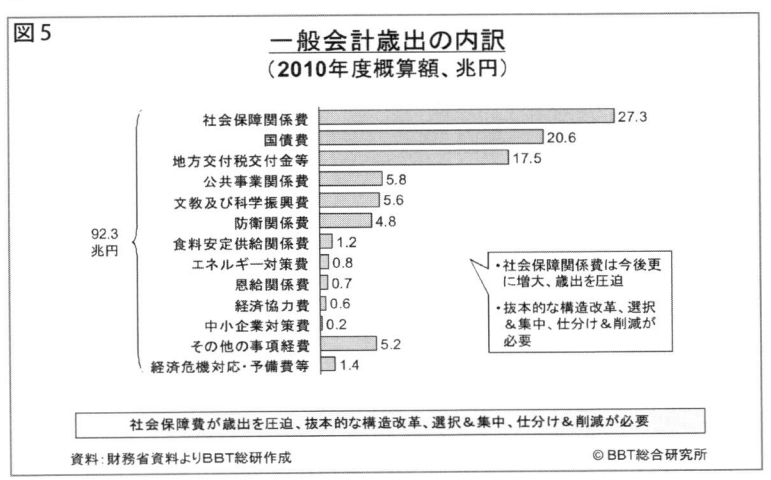

図5 **一般会計歳出の内訳**
（2010年度概算額、兆円）

社会保障関係費	27.3
国債費	20.6
地方交付税交付金等	17.5
公共事業関係費	5.8
文教及び科学振興費	5.6
防衛関係費	4.8
食料安定供給関係費	1.2
エネルギー対策費	0.8
恩給関係費	0.7
経済協力費	0.6
中小企業対策費	0.2
その他の事項経費	5.2
経済危機対応・予備費等	1.4

92.3兆円

・社会保障関係費は今後更に増大、歳出を圧迫
・抜本的な構造改革、選択＆集中、仕分け＆削減が必要

社会保障費が歳出を圧迫、抜本的な構造改革、選択＆集中、仕分け＆削減が必要

資料：財務省資料よりBBT総研作成　　　　　　　　　　　© BBT総合研究所

果世界一の借金国となってしまった。

　従って、リターンの見込めないバラマキ、場当たり的な景気対策、財政出動。やっても意味なかったんですね。一切やらないと宣言しろと。これが第一の点です。

　２番目は、予算削減を繰り返してきたけれど、削減するたびに無駄使いやったわけですね。そもそも国家が税金でやるべき仕事かどうかの吟味が不足していたと。例えば、高校の無償化とか、子供手当１万３千円とかそういうやつ、どうしても国家がやらなきゃいけないのかどうか、これを吟味する。従って、構造改革、選択と集中、仕分け、そして削減、民営化などはね、辞めろと！つまり、民営化なんてね、例えばですよ、郵政３事業の民営化というけど、郵政業務なんて社会的にないんだから潰せと、郵便貯金もいらないし、簡保もいらないし、配達は民間のところで充分に出来るんだから辞めろと、で、要するに道路公団も廃止すべきであって民営化なんか

図6　日本の危機的財政の三つの反省

1. 景気刺激のために血税を使ってきたが効果がなく、その結果世界一の借金国となった	リターンの見込めないバラマキ、場当たり的な景気対策、財政出動の廃止
2. 予算削減を繰り返してきたが、そもそも国家が税金でやるべき仕事かどうかの吟味が不足していた	構造改革、選択＆集中、仕分け＆削減、民営化
3. 民間部門の金融資産を財源として公的部門が借金を重ねてきた、最終的なツケは民間に	増税か？献金（寄付）か？

財政再建は緊急課題

資料：大前研一　　　　　　　　　　　　　　　　　　　© BBT総合研究所

すべきじゃないと、こういう話ですよね。

それから3番目に民間部門の金融資産。民間部門というのは、個人金融資産とかそういうやつですね。民間部門の金融資産を財源として、公的部門が借金を重ねてきた、つまり、民間部門の借金を財源にしないと公的部門の国債を買う人いないわけですよ。

外国人は殆ど、買わないわけですからね。しかし、最終的なツケは、国民が払うわけです。民間部門の資産を公的負債を出して買わしてるわけですから。これは非常に重要な点なんですけど、民間部門の金融資産を財源として、公的部門が借金を重ね、従って出してる方は民間ですから、最後に国が返せないということが分かったら、つまり、ツケは誰が払うのと言ったら民間に決まってるんです。それ以外の人は払ってないんだから。ここが日本人が分かってないところなんですね。

従って、増税か、民間部門からパクる、パクるというのは、言葉が悪いんで、寄付を頂くと。献金をすると、こういうことですね。倒れた後に献金してもらうというのは、これは強制的にやるわけですけど、そうじゃなくて、献金をしてもらう方法があるかどうかは、グレートソサエティー、要するにビッグソサエティーというより、私はデヴィッド菅としては、グレートソサエティーと言いたい。偉大な国というのは、国民がこういうことをやってくれるんですと。

実は、私の今のグレートソサエティーにおけるイメージは、こういうものです（図7）。ここにですね。現状の政府の歳出があります。税収はこの位しかないから、とんでもないものが、赤字としてきて、これがいわゆる公的債務になってるわけですね。ここに公共事業費、雇用対策費など、規制緩和によって民間資金活用でこの支出をやる

と、例えば私は、「民の見えざる手」なんかで税金を使わないで経済成長する方法は出してますんで、こういった税金を使ってやってる部分は、全部カットしましょうと、これだけ減りますと。それから、道州制とか基礎自治体というものをしっかりすることによって、またICT（情報通信技術）をうんと進めることによって、ここの部分は減る部分というのは、機構の簡素化、民間ボランティアの推奨、年金辞退などで支出を削減していくと。年金要らなくても払うんですから。これは、もう削減しましょうと、そうすると、ここにですね、税収がこれだけしかないと致しますと、この差額、グレートソサエティーにおける政府の歳出はこれになるんですけど、この差額が返済部分ですが、その他にグレートソサエティーでは、色々な寄付を頂くということで、この2つですね。即ち、累積債務の返済の原資とすると。

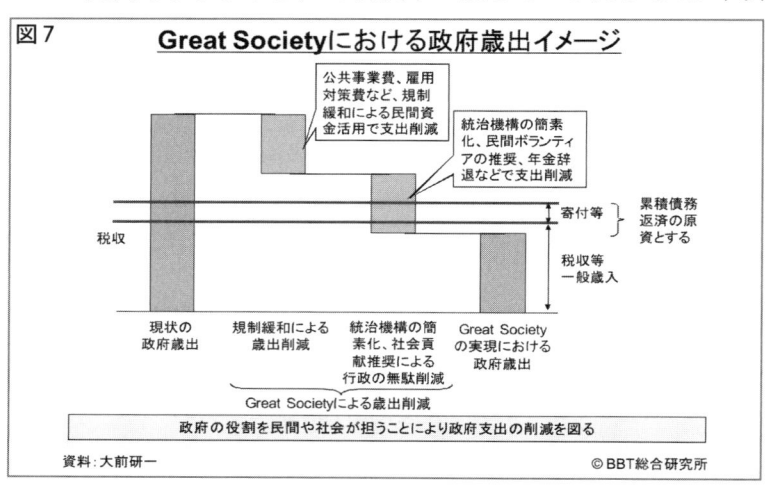

800兆円ありますから、20兆円ずつ返していったって40年以

図7　Great Societyにおける政府歳出イメージ

（図：現状の政府歳出→規制緩和による歳出削減（公共事業費、雇用対策費など、規制緩和による民間資金活用で支出削減）→統治機構の簡素化、社会貢献推奨による行政の無駄削減（統治機構の簡素化、民間ボランティアの推奨、年金辞退などで支出削減）→Great Societyの実現における政府歳出（税収等一般歳入、寄付等→累積債務返済の原資とする）

Great Societyによる歳出削減

政府の役割を民間や社会が担うことにより政府支出の削減を図る

資料：大前研一　　©BBT総合研究所）

上かかりますね。でもそういう傾向が見えた途端に国債デフォルトの危険性はなくなります。だからグレートソサエティーにおける歳出削減というのはこういうものがあって、政府の役割を民間や社会が担うことによって政府支出の削減を図るとこういうことになりますね。

では、どういうことが、具体的にあるのかと言うと（図8）、1はですね、税金を使わない景気対策。これはもう私は掃いて捨てるほど色んな本で言ってきてますけども、規制撤廃、規制緩和でなくて撤廃ですね。撤廃による民間資金を活用した雇用刺激、景気対策。

これはもう「心理経済学」とか、「民の見えざる手」に書いてあるようなことです。それから世界の投資を呼び込めるような、容積率とかそういうものを緩和して都市再整備をすると世界の金がくると、こういう税金を使わないような景気対策をとことんやる。

2番目は、統治機構の簡素化ということを言いましたが、国、道州、

図8　Great Societyの3つの方向性

1. 税金を使わない景気対策
   - 規制緩和による民間資金を活用した雇用刺激、景気刺激
   - 規制緩和による世界の投資資金の呼び込み
   - 容積率の緩和、都市再整備等

2. 統治機構の簡素化（道州制）
   - 国、道州、基礎自治体の三層構造
   - ICTを駆使した無駄のない行政システムの構築
   - 地域への3ゲン（財源、権限、人間）委譲

3. 財政破綻を避け、借金を次世代につけ送りしないためのに国民の社会への献身
   - （詳細次項）

税金を使わない景気対策、統治機構の簡素化、国民の社会への献身にて財政再建を図る

資料：大前研一　　　　　　　　　　　　　　　　　　　　©BBT総合研究所

基礎自治体の3階層にして少なくとも今の市町村とか、都道府県という混乱を避けてしまうということですね。それからICT（情報通信技術）を駆使した無駄のない行政システムの構築で、一発、日本で作ってしまえば全ての基礎自治体がそれを使うということであればものすごく安くできます。それから、地域に関しては、財源、権限、人間を全部委譲していくということで、彼らが自分の収入の中でやっていくような工夫をするということですね。

　それから、3番目の方向は、財政破綻をしたら元も子もなくなるんで、また借金を次世代につけ送りをしないために国民の社会への献身を呼び掛ける。例えば学校。先生を減らしますよと、3分の1位減らしちゃいますと、その変わり、皆さん、月に1日、教壇に立って下さいと。5人の子供を育てた肝っ玉母さんが、家庭科を見るとか、弁護士の先生が憲法議論をしてくれるとか。会計士の先生がお金の知識を教えてくれるとか（図9）。

　それからたまたま、日本に住んでいる英語のネイティブの人が来て英語の教室をやってくれるとか、消防士が来て、火の扱いとかそういうのを教えてくれるとか、弁護士が社会というものは、何で成り立ってるのかというようなことを言うとかね。つまり、職業教師が教えること自体が、社会のシステムに遅れる原因になってしまっている。21世紀に合わなくなってる。それから富士通とかIBMの社員がきて、コンピュータを教えるとか、このようなことを皆やるようにして、3分の1位の先生は、当然のことながらカットですね。それから遺産を寄付する制度。

　これはですね。生前に私の遺産は、3分の1は子供に、3分の2は国に寄付しますという風に言うと。それから空き家を寄付する。

> **図9　財政再建のための国民の社会貢献奨励案**
>
> 1. ボランティア教員（学校の先生を減らす為に教壇に立ってください）
> 2. 遺産を寄付する制度
> 3. 空き家を寄付する制度
> 4. 土地を寄付する制度
> 5. 介護施設を手伝う制度（高校生の教科とする、など）
> 6. 公的システムのPFI化(選挙、戸籍、住民票、免許、など)
> 7. 自警団
> 8. ゴミ償却のローカル化
> 9. 区役所、市役所などのヘルプボランティア（ピーク時vs.平時）
> 10. 貢献度ポイント制度（スリーストライク＝生涯無税、優遇）
>
> © BBT総合研究所

日本というのは3分の1位の空き家がある県もありますね。

　この前やったように、まあ、25%位の和歌山県というのも色々、ありましたけど、それを寄付すると、土地と家が寄付されるわけですよ。土地を寄付してもいいですね。空き家じゃなくてね。それから介護施設を手伝う制度。これは、アメリカなんかにもあるんですけど、高校の教科にしてしまって、その第何年生のこのようなクラスの人が介護施設に行って、かなりの手伝いをすると、そうすると介護士の数も少なくて済むし、助かりますよね。それから公的システムのPFI化というのは、選挙、戸籍、住民票、免許など、こういうやつはね、民間に委託してしまうということになります。

　それから自警団。当然ね。警察とか、消防などを減らすことが出来る。それから、ゴミ償却のローカル化、これ全部、今、長い距離を集配して燃やしてますけどね。こういうのをかなり小さいコミュニティベースでもって焼却炉を作ってくるということもできます。それから、区役所、市役所などのピーク時のヘルプボランティア。

そうすると役所の人の数と言うのは、一番の少ないところでいい。

そのあとの部分については、近所の人が助けに行ってもいい。実は、これだけのことを自発的にやる人はいないんで、貢献度ポイント制度（図10）。スリーストライクするとイコール、生涯無税で優遇されると、つまりこういうことをやって、ありがとうと言うんじゃなくて、ボランティアを1年未満やると、この位の1ポイント、何ポイントとか貯まってくると。

それから土地とかなんかを現在価値に直した時に、これ位のものを寄付すると幾らとかね。例えば、生涯納税額が累計で5億円を超えたら100ポイントとして、もうそれ以上は税金払わなくていいと。そういう計100ポイント以上で生涯税金免除など、ポイント数に応じた様々な優遇措置をする。要するに自分たちが汗を出す。持ってて要らないものを出すとそれが社会のためになる。グレートソサエティーじゃないですか。学校なんかはリアルな人が教えに来るわ

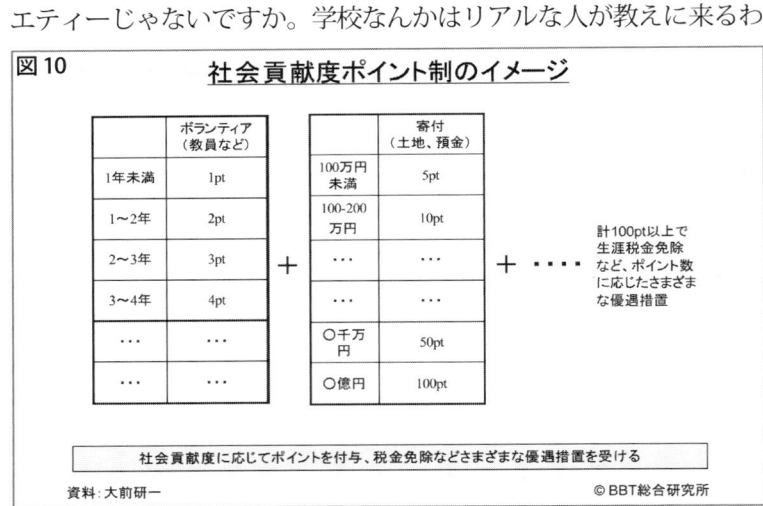

図10　社会貢献度ポイント制のイメージ

ボランティア（教員など）		寄付（土地、預金）		
1年未満	1pt	100万円未満	5pt	
1〜2年	2pt	100-200万円	10pt	計100pt以上で生涯税金免除など、ポイント数に応じたさまざまな優遇措置
2〜3年	3pt	・・・	・・・	
3〜4年	4pt	・・・	・・・	
・・・	・・・	〇千万円	50pt	
・・・	・・・	〇億円	100pt	

社会貢献度に応じてポイントを付与、税金免除などさまざまな優遇措置を受ける

資料：大前研一　　　　©BBT総合研究所

けですから。もっと活性化しますよね。

　そういう様なことをすることによって、社会というのは、我々がサポートしてるんだよということが非常にハッキリしてくる。これがなくて、前に言ったようにホテルの住民みたいにしてね、「おい、ゴミこねえぞ」という様なことをやるから、コストが掛かるわけでしょ。これをね、全部のところでやってみると如何に我々が怠惰になり、コミュニティから離れて、そして公的な部分が全部やってくれるということを期待しているかということですよね。グレートソサエティーというのは、この様なことをすることによって、もの凄い貢献度があった人は、もうこれで日本の国に対しては充分やったと、従って今後は、もう税金を納めなくていいですよと、こういうシステムがあってもいいですよと。

　或いは、いやいや税金は納めます、ということであれば、消費税の場合には、その人でも取られますけどね。実はね、もし、そういう風になったとすると私は要りませんと。そういうポイントもという人にはね。富士山の裾野に永久に陶板か何かでその人の名前を入れるとかやってね。勲何等とかいうものよりもよっぽど嬉しいじゃないですか、そういうようなことをやると。

　これ、私が20年前に出した考え方なんですが、このようなことをやることによって、私は社会というのは、うんと少コストでよりリッチな社会が出来ると考えます。グレートソサエティーとしてね。

　具体的には、これだけの案を、きっかけとして皆でクラウドソーシングでやっていったらいいんじゃないかと思うんですよね。この様なことというのは、私は、デビッドキャメロン首相の演説を聞い

ていても彼はここまでは言ってないんですけどね。

　それから銀行の休眠口座ですが、日本の郵貯だけでも何兆円かあるといわれてるんですけども、例えば、イギリスだったら数年以上動いてない口座は、もう全部、国に寄付したと思いますよと、こういう風にしちゃってもいいと思うんですけど。まあ、日本の場合なら5年間位ということで休眠口座を国に寄付したと、やったらいいんですよ。5年間も動かしていない口座は、いらないんでしょというもんですよね。

　ということで、日本もグレートソサエティーという方向にいくと、恐らく借金が返済できるだろうし、恐らくこのままエスカレートして、国債暴落というトリガーを引かない。日本もついにやり始めたと。国民もやっぱり、その責任があるよと。

　代案は、何かというとそういうことしないで、国が全部やれと、そういうこと言ってる間に、国の方は、国民の持っている金融資産をどの道パクらないといけないわけですよね。こういうことになるわけですよね。或いは、超増税ですよね。ということで、私はやっぱり日本の指導者で今一番不足してるのは、こういうビジョンじゃないかと思うんですよ。

　貴方の出番ですよということをやっぱり、日本の指導者には、ビジョナリーリーダーとして言ってもらいたいと思うんですよね。デヴィッド菅でございました！

（大前研一ライブ 551：2010/8/1）

BBT大学大学院 エアキャンパス（AC）の発言より

Title:【振り返り】David 菅：地域コミュニティでの国民の献身そこが危機を乗り越え、グレートソサエティを実現する
Sender: 須藤高弘
Date: 2010/08/14（土）20:09

【お題】あなたが菅直人とすればイギリスの DAVID　CAMERON が言った big society に啓発を受けて"great society"を通じて予算を削減する為のビジョンを如何に練り上げて発表するか？　ビジョナリー指導者になりきって演説してみよう！

【私の結論】

【結論】DAVID 菅　国家倒産を避けるにはみなさんの力が必要です。
　　　2010 年 8 月 1 日 20:26:19　須藤高弘

【内容】みなさん、本日は、この日本のおかれた重大な真実をお話します。そして、みなさんには、多大な協力のお願いがあります。この漢、菅直人人生初めてで最後のお願いです。みなさん、テレビや新聞ではあまり語られていませんが、実は、日本はあと数年で倒産します。実は、今、みなさん一人あたり 700 万の借金をかかえているのです。国全体で 83 兆円の借金を抱えています。このままでは、あと 2、3 年で、日本は倒産します。みなさんには、多大な苦労を強いることになってしまう状況なのです。しかし、みなさん、わたしたちは何とかみんなで協力しあってこの危機を乗り越えなくてはなりません。これから、私は、財政を立て直すために、政府の支出の大幅削減、公的サービスの大幅削減を行います。そして、国の運営を、中央から地方への分権、権限委譲、道州制に切り替えます。そして、みなさんには、今までの国がやっていた役割を分担して協力して担って頂くことでのこの危機の打開をお願いしたいのです。"great society"、みなさんが、お一人お一人の協力こそが、この国の未曾有の危機を救います。この漢、菅直人人生初めてで最後のお願いです。よろしくお願いします。

　　　　　　　　　　　　　　　　　　　［2010 年 8 月 1 日（Sun）須藤高弘］
　　　　　＊＊＊＊＊＊＊＊＊＊

危機的な状況は伝えているが、その原因と反省の言及が弱かった。
Great Sciety の 3 つの方向性の全体像と従来の学長の主張でもある。
①の税金を使わない景気対策②統治機構の簡素化（道州制）とそこでのコミュ

ニティの役割とこの国民ひとりひとりの献身までというメリハリと流れが弱かった。

【学長の結論】
　日本の危機的財政の三つの反省と Great Sciety の３つの方向性

Ⅰ．日本の危機的財政の三つの反省

　財政再建は緊急課題

①景気刺激のための血税は効果なく世界一の借金大国になったしまった
　　→リターンなきバラマキ、場当たり的景気対策、財政出動の廃止

②予算削減を繰り返してきたが、そもそも国が税金でやる仕事だったか？
　　→構造改革、選択と集中、仕分け＆削減、民営化

③民間部門の金融資産を財源として公的部門が借金を重ねてきたつけは民間に
　　→増税か？献金（寄付）か？

Ⅱ．Great Sciety の３つの方向性

①税金を使わない景気対策
・規制緩和による民間資金を活用した雇用刺激、景気刺激
・規制緩和による世界の投資資金の呼び込み
・容積率の緩和、都市再整備など

②統治機構の簡素化（道州制）
・国、道州、基礎自治体の三層構造
・ICT を駆使した無駄のない行政システムの構築
・地域への３ゲン（財源、権限、人間）委譲

③財政破綻を避け、借金を次世代につけ送りしないために国民の社会への献身

【気づき】
　今まで学長が言われてきたこと（①②）が、さらに、③のグレートソサエティーへと昇華した。この統治機構の簡素化（道州制）、国、道州、基礎自治体（コミュニティ）の三層構造の基礎自治体（コミュニティ）こそ、そこでの国民の社会への

献身が、グレートソサエティーをもたらすものと感じいった。また、昨今の大都会の真ん中で、幼い子供が、餓死してしまうことや、113歳という存在しないご高齢者の年金が長きに渡り、遺族に支払われていたなどのもまさに、中央集権縦割りの弊害、顧客である個々の国民が見えなくなってしまった結果だとも考える。財政的な視点とあわせて、生活者主権の国づくりには、この
　基礎自治体（コミュニティ）、そこでの国民の社会への献身というグレートソサエティーは非常に重要だと感じ入った。

[2010年8月14日（Sat）須藤高弘]

3. 年金問題

1 共通番号制度の導入検討へ

(◎大前ライブ 529：2010/2/28)

> 「コモンデータベース法案」をつくり、行政手続を一元化せよ！
> 住基ネット共通番号制で住基ネット活用を検討

●住基ネットの技術では将来的な拡張性に欠ける

　政府は社会保障と税の共通番号制度で住民基本台帳ネットワーク（住基ネット）を活用する検討に入りました。

　全国民に固有の番号が割り振られている既存の仕組みを使い、システム設計にかかるコストや時間を抑える狙い。また政府は2010年度税制改正大綱に共通番号制度の導入を明記しました。2011年の通常国会に関連法案を提出し、準備期間をおいて早ければ2014年の利用開始をめざしているとのことです。

　世界各国の番号制度への対応を見ると、最も進んでいるスウェーデンと韓国は「税務、社会保障、住民登録、選挙、教育、兵役」の全てを共通の番号で管理しています（図1）。

　その他、オランダ「税務、社会保障、住民登録」、英国「税務、

社会保障」、米国「税務、社会保障、選挙」、イタリア「税務、住民登録、選挙、兵役」となっていて、ドイツは「税務」のみの対応となっています。

日本でも税務と社会保障の共通番号制度の確立に向けて、ようやく動き　出そうとしているわけですが、「住基ネットを活用する」という点に問題があると私は思います。

私は拙著「新・大前研一レポート」でも提唱している通り、コモンデータベース法を導入し、パスポートや運転免許にいたるまで国民各人の情報を一元管理してICカード化するべきだと考えています。

「税務、社会保障、住民登録、選挙、教育、兵役」に限らず、全ての行政手続に必要な情報を一元管理するという発想に立ってさらに将来的な拡張を考えると、今回の「住基ネットを活用する」という方法には技術的な限界があると私は感じます。

図1　各国の番号制度

		税務	社会保障	住民登録	選挙	教育	兵役
住民登録番号	スウェーデン	○	○	○	○	○	○
	韓国	○	○	○	○	○	○
	オランダ	○	○	○			
社会保障番号	英国						
	米国	○	○		○		
税務番号	イタリア	○		○	○		○
	ドイツ	○					

出典：財務省資料

資料：日本経済新聞 2010/2/28　　　　　　　　　　© BBT総合研究所

確かに、例えばICカード化するだけでも選挙の投票用紙を書く必要がなくなりますから便利だと言えるでしょう。しかし、ここで終わりにする必要はありません。

ネットや電話を活用しながらバイオメトリクス（生体認証）と組み合わせれば、選挙の際に自宅から投票することもできるでしょうし、さらに言えば、海外からの投票も実現できるでしょう。

このくらい発想を広げて将来的な拡張を考えるべきです。そして、ここまで考えた上で住基ネットの技術・ネットワークを活用することが望ましいのか判断するべきだと思います。

●コモンデータベース法を通し、共通データベースを作ることが大切

この問題については先程も紹介した通り、私はすでに十数年前に拙著「新・大前研一レポート」で根本的な考え方として、コモンデータベース法（ICカード法）を提唱しています。

それは、「パスポート、運転免許証、健康保険証、厚生年金手帳、印鑑登録証、さらには医療カルテや交通事故の履歴」まで全ての情報を一元化して、ICカードとして各人が持つというものです。

こうしておくと、国民はカードを1枚持っているだけで全ての行政サービスを受けられるという状況になります。

これは国民にとって非常に便利です。

基本的に日本の行政サービスは、縦割りに機能しています。そのためコンピュータ・システムを導入しても互換性がなく、国民は何かの手続きをしようと思っても、それぞれの手続きを扱う役所に出

向く必要があります。

　一元管理された国民のデータベースをきちんと運用していれば、こうした事態を解決することができます。

　また、行政を担う役所業務の改革・改善にもつながります。例えば、私は毎年1回わざわざ国際免許証を取得していますが、これは面倒です。国際免許証が必要なのは、日本の免許証に英文の記載がなく外国人が読めないからです。

　各人が持つICカードに「運転免許」まで含めてしまい、さらには英文併記することで「国際免許」にもできるとしたら、それだけで国際免許証を発行している「ムダな」窓口業務を1つ減らすことができます。

　共通番号制度を導入するならば、「住基ネットを活用して、税務と社会保障を」というレベルで留めるのではなく、「パスポート、運転免許証、健康保険証、厚生年金手帳、印鑑登録証」などあらゆる情報の一元管理、遠隔操作への対応、そして英語による国際対応まで考えて欲しいところです。

　私がかつて試算したところでは、住基ネットなどの既存のネットワークを使わず、ゼロからこうしたシステムを作り上げたとしても、約700億円で全てのシステムを構築することが可能でした。

　住基ネットを活用して3年〜4年も時間がかかるなら、ゼロから作ってしまった方が拡張性の点から見ても得策だと思います。

　逆にスピードを優先すると言うなら、登録が面倒な住基ネットよりも、PASMO（パスモ）などのカードの方がよほど世の中に普及しているし、活用しやすいと思います。

　こうした点を踏まえて、今一度、「住基ネット」というネットワー

クを活用するべきなのかどうかを検討してもらいたいところです。そして　その前提として、「全ての役所が共通の国民データベースを持つ」という発想が大切で、「コモンデータベース法案」を通すことを実現してもらいたいと私は強く願っています。

（大前研一「ニュースの視点」2010/03/05）

2 信頼できない年金にした「識者」と官僚の罪

（◎大前ライブ 552：2010/8/15）

厚生労働省は 2010 年 8 月 5 日、2009 年度の国民年金の保険料納付率が 59.98％となったことを発表した。かつては 100％近い納付率だったが、ついに 60％を下回った。

●未納者は自分の老後をどう捉えているのか

この納付率の低下という事実から、いくつか指摘できることがある。一つは、現在払わずにいる 40％の人たちも、いざ老後になったら受け取る権利だけは主張するかもしれないということだ。ルール上は、25 年以上納付していなければ、年金（老齢基礎年金）を受け取る権利はない。60 歳までの 40 年間の全期間納めた人は満額をもらえるが、それより納付期間が短くなれば支給額は減る。全期間納付した人とそうでない人とでサービスに違いが生じるのはごく当たり前のことなのだ。

経済的に苦境に陥れば納付を半額、または全額免除してもらう制度も用意されている。ところが、年金を未納している40％の人たちは、全員が苦しい生活を余儀なくされているわけではあるまい。以前に政治家や芸能人の年金未納問題が話題になったことがあるように、所得は十分にあるにもかかわらず納付していない人だって少なくないはずだ。

　そうした未納者は、自分の人生設計をどのように捉えているのだろうか。保険料を払っていないのに年金をもらう、という奇妙なことが当たり前になっては、国がおかしくなってしまう。だから国は改めて「納付していないなら年金は支給しない」としっかり宣言すべきだ。

　もう一つの問題は、私も愕然とさせられたことだが、現在大きな問題になっている所在不明の高齢者の存在である。高齢者が亡くなるか行方不明になるかして数十年経っても、年金だけは家族がそのまま受け取っていたという話が立て続けにニュースで取り上げられた。

　受給者がいなくなっても家族が受け取れるということは、本人がいなくなる前から家族が受給していた可能性もある。推測するに、支給された年金から数万円を小遣いとして本人に渡し、残りを家族が使って暮らしていたのではあるまいか。家族にしてみれば、「面倒を見ているのだから当然」という気持ちがあったのだろうが、受給者本人が亡くなった後も受け取っていたのであれば、これははっきりとした不正受給である。日本人の品性もここまで落ちたかと嘆かざるを得ない。

　各自治体は今しきりに100歳以上の老人の居場所の確認を急い

でいるようだが、私は65歳以上の受給資格のある人すべてを調べるべきだと思う。おそらく同じような不正があると思われるからである。対象者4000万人で1.5％の不正受給があれば1兆円を超える。民主党は事業仕分けをやる前に国民の素性の仕分けをしたらどうか？　日本人がそういう根性の「大衆」を含む集合体になっている、ということをこの際確認して置いてもらいたい。

◉「いたちごっこ」で未納問題を解決できない現状

　手厳しいことを述べたが、その一方で、保険料納付を拒否する人の気持ちもわからなくはない。集めたお金は「箱モノ」建設に使われ、その大部分が不良債権と化している。払っても将来きちんと支給されるかどうかは不明だ。特に若い人は払った分さえももらえない、という計算もあり、自分たちが受給資格を持つ頃には受給開始年齢も引き上げられており、さらには支給額が大幅に削られている可能性が高い。これでは年金負担をしたくなくなる、というのも無理からぬところである。

　何より、正しく納付していても国にその記録がないという、ずさんな問題もある。これでは年金に対する国民の信頼も失われるのも当然だ。国を信頼できなければ払いたくないだろうし、未納が続けば給付に支障が出る。いたちごっこの悪循環だ。

　年金問題を解決するには、長妻昭（前）厚生労働大臣が民主党の一議員だった時に言っていたように、年金制度を一本化して「2階建て」にする以外にないだろう。1階部分は、税金をベースに国民全員に同じ額を支給する。その額は税金でまかなっている生活保護

と一致させ、憲法で保障されている「人間の尊厳を失わない最低限度の生活」ができるようにする、というものであった。もっと支給してほしい人のためには2階を用意する。そして自分で追加して納付した分だけ、老後に多くの額をもらえるようにする。

　この方式のポイントは社会保険を徴収するのも税務署（民主党の提案では「歳入庁」として税金と年金部分を一緒に徴収する、というもの）となる。政権を取ってからの民主党は、そのあたりについてお茶を濁すようになってきたが、野党時代に主張していたように明確にそのプランを進めてもらいたい。

◉国民データベースの構築を進めよ

　日本で年金を考える場合に問題になるのが、国民データベースが欠如していることだ。戸籍をデータベースと思っている人も多いだろうが、あんなものはこよりで綴じた戸籍の本に過ぎず、およそ「データベース」の名に値するものではない。デジタル化の計画もない。準拠している法律は明治時代のもので、今の時代にそぐわない。戸籍に載るかどうかで争われる非嫡出子の問題なども近代国家ではあるまじき問題である。実際、住民票とのくい違いも生じている。所在不明の高齢者問題はその象徴だ。

　このような無様なトラブルを避けるためにも、戸籍を廃止して住民登録と合体し、その他のすべての公共サービスを受ける場合の基礎となる国民データベースの構築を進めなくてはいけない。今ではICカードで行政の窓口一元化を図る試みがエストニアやデンマークなどでも進んでいる。お隣の韓国でもこの10年間でデータベー

ス化が大いに進んでいる。

●ゆとりのある高齢者には年金を辞退してもらう方法もある

　厚生年金にも問題がある。2009年度末の年金扶養比率は、高齢者一人に対して2.47人の現役世代が支える状況になっている。これだけ見ても、もはや年金制度の破綻は明らかである。

　ところが、その高齢者には経済的に裕福な人が多い（もちろん、年金をもらわなければ暮らしていけない高齢者も少なくないことは承知している）。お金の有り余っている高齢者に年金を支給するのは、ある意味無駄とも言える。

　現状を見れば、今後、高齢者全員にこれまで通り年金を支給するのは不可能である。となれば、ゆとりのある高齢者には年金を辞退してもらうのも有効な手ではないだろうか。そういう人は、年金よりも名誉のほうが嬉しいだろう。勲章など何らかの名誉を与えることで年金を辞退する人が出てくるのは想像に難くない。それで年金制度がいくらかでも楽になるなら実行すべきだ。

　実は私は年金をもらっていない。ところが役所は脅しのような手紙を送ってくる。「70歳まで受け取りを辞退し続けると、将来支給されなくなりますよ」という通知が定期的に届くのだ。そう言われると、「いざという時に困るから、とりあえずもらっておこうか」という気持ちにもなる。

　だが冷静に考えれば、「70歳まで年金を辞退し続けると受給する権利がなくなる」という制度自体がおかしいではないか。生活に困っていないうちは年金はいらない。しかし、将来のことは誰にもわか

らない。生活に困る事態になった時に申請すれば、その時点から年金を支給してもらえるようにすれば、元気なうちは受け取りを辞退できるではないか。

このようなセーフティーネットがあれば、国も不必要な年金の支出を抑えることができるし、お金持ちの高齢者も安心して生活できる。国も高齢者も、お互いに信頼できる関係があれば、こうした制度も実現できるのだろうが、未納問題がある以上、なかなか難しいかもしれない。

（nikkei BP net 2010/8/24 日経BP社　http://www.nikkeibp.co.jp/）

3 コモンデータベース法

（1993/11/18『新・大前研一レポート』講談社より）

国会議員数を半減して国会を簡素化し、中央官庁も分解、軽量化して地方に権限をわりふってしまう。道州ができて、生活基盤を守るコミュニティが整備された時、日本国民もしくは日本に居住する個人は、国家や自治体とどのような関係であるべきだろうか。

現在の日本の行政は縄のれん方式、つまり"のれん"のように各省庁が縦割りに機能していて、左右には何もつながりがない。各省庁や自治体と個人との関係もそれぞれバラバラに機能している。したがって、住民サービスの効率がすごく悪い。生活者の立場から見れば不便なことばかりで、役所の都合で振りまわされている。住民票や印鑑証明、自動車運転免許、パスポート、厚生年金、健康保険

などの手続きをしようと思ったら、そのたびに違った役所に出向き、待たされ、名前、現住所、本籍、生年月日など同じことを何度も書かされる。

　国民はなぜ、こんなばかげたことを強いられなければいけないのか。どこの役所でもコンピュータによる能率化、省力化、データベース化を進めていて、住民サービスの向上だと言うが、バラバラにやっているから互換性がなく、コンピュータ同士の対話ができないので、生活者にとってはあまり便利になっていない。役人の仕事が楽になっただけである。

　これは年がら年中掘り返している道路工事と同じだ。ひとつの道路をガス会社が掘り、やっと埋まったと思ったら水道会社が来てまた掘り、それが終わると今度は電話会社が来て掘り返すというような、ばかげた工事がいたる所でおこなわれている。誰かがトータルに管理して、同時に事を進めれば、ずっと経済的で、騒音や交通規制などの迷惑も半減すると思うのだが、縄のれん方式なのでそれができない。こうした行政が延々と続いているのである。

　私は「平成維新」によって、こうしたパラダイムを180度変えてしまう必要があると考えている。

　まず生活している人々がいて、そうした人たちがいるから生活をよくするためのコミュニティがあり、地域の産業基盤を経営している道州がある。そして、道州が集まって国家をつくっている。というように、生活者からはじまる概念で、行政システムを組み直さなければダメだと思っているのだ。

　そのためにはコミュニティや道州といった自治体を財政的に自立させることが必要であり、国民も役人も努力しなければいけないと

前節で述べた。国家は、自治体の運営がうまくいかずに、機能が停止し、人々の生活が危機に瀕した時に、はじめてセーフティーネットのようなものを投げればいいのだ。憲法に従って、人々の最低の生活や、人間としての尊厳が失われないように援助し、それを保障すればいいのである。また食糧や木材、資源の備蓄などを通じて、私たちがいざというときにも路頭に迷うことなく、勇気を持って難局に対処できるようにする。ふだんは見えない安全装置と思えばよい。国はじめにありき、という明治以来のパラダイムと「平成維新」のパラダイムではこの点が一番異なるのである。

要するに、個人と国家の関係は"最後の砦"であって、ふだんの生活は砦のずっと内側の自治体との関係でほとんど用が足りてしまうはずなのだ。

●旧態依然の国家との契約

日本国憲法は、アメリカの法律に倣ってつくられているので、国家と個人の契約については事細かに綴ってある。だが、実際にはそれがぜんぜん活かされていない。国会でも、行政の場においても、個人が重要に扱われているとは思えないし、また認識もされていない。

たとえば、個人と国家の契約は、戸籍謄本の台帳に記載されることからはじまるが、台帳は国の出先機関である市町村が預かっていて、しかも、戸籍は異動させることができる。

そこで、国と市町村との契約はどうなっているのか、という問題が出てくるが、これもあまり明確ではない。天災によって市町村の

役所がみんな燃えてしまったとしたら、人々と国家の関係はどのように保障されるのだろう。

市町村の権限と責任の範囲が曖昧なのに、個人と国家の契約というもっとも大切な人権の砦を、委ねておいて大丈夫なのだろうか。

現代社会において、人間は生まれた瞬間に国家との契約関係が結ばれるべきだと私は思う。その契約とは、新しい個人が誕生したこと、つまりその人の存在そのものを直接認めることである。そして、国家はその人が死ぬまでその存在を認め、人間としての尊厳が守られることを保障し続けなければならない。したがって、こうした契約の"元帳"は国家が責任をもって管理すべきであって、たまたま浦和市で生まれたから、浦和市に本籍があるから、浦和市役所にファイルしておくという、そんなムラ社会的なものではそもそもないのだ。○○村の熊五郎の家に太郎という子供が生まれたから、庄屋の家の人別帳に書いておこうというような、そんな旧態依然なやり方では憲法の概念に合わない。

それから、個人と国家の契約においては、両親が正式に結婚しているとか、認知したとか、そういうことは一切関係ない。日本国で生まれた子供は、まったく平等に国家との契約を結ぶべきなのだ。ただし、両親が外国人であるなど、国籍の取り扱いがからむ場合は、本人が一定の年齢になった時に、本人が日本国と契約をするかしないか改めて決めればいいのである。

憲法にもはっきりそう謳ってあるのに、今の行政は嫡出かどうかを区別しているし、世間でもあの人は正式な子供ではないのに名字が同じだ、などと平気で言っている。こういうことも、今の契約のやり方を変えないと解決しない。

では、どうすればいいのか？　私は、国民の一人ひとりが誕生した瞬間（国家と契約した瞬間）からの個人情報をすべてデータベース化し、それを国家が一括して管理、保護すればいいと考えている。もちろん、為政者によるデータの悪用や、プライバシーの流出を避けるために、二重三重の鍵をかけたうえでの話である。

　データベースには現在の戸籍のようなものから、健康保険、厚生年金、国家試験免許の有無、婚姻、納税、出入国……などの情報が保存される。国民は全員がID番号を持ち、この番号は生まれてから死ぬまで変わることがない。もちろん、同じ番号の人は一人しかいないし、一人が二つ以上の番号を持つこともない。

　この番号を使えば、全国どこででも、あるいは海外でも、いろいろな手続きを簡単におこなうことができる。名前は単なる符号にすぎなくなるので、たとえば大前研一がいやなら長嶋茂雄にしてもいいし、本人が好きなように名乗ることができる。住所は常に知らせておかなくてはならないが、本籍地も不要になるし、公共のサービスを受ける場所の限定もなくなる。本籍＝コンピュータ、と考えてもよい。

　これが私の提唱する「コモンデータベース」である。国民全員がID番号を持つと言うと、グリーンカードのときにも背番号制はいやだという意見が多くて廃案になったではないかと反論する人もいるが、あれは徴税のためだけの番号で、しかも資産を隠している人や、脱税している人たちが、自民党を動かして反対したにすぎない。コモンデータベース制にすれば行政サービスが格段にアップして、便利になる。また行政コストが飛躍的に下がるという意味では、多くの国民にとって反対する理由はないと思う。

デンマークではこの制度を導入してすでに長いが、文句を言う人はなく、むしろ国民は自慢げにこのシステムのことを語る。そういうものを皆で手づくりでやっていけばいいのだ。

●電話での投票も可能

　「コモンデータベース」に、本人かどうかを電話などで確認するシステムを追加するとさらに便利になる。方法はいくつかあるが、私は「声紋」を利用することが一番いいのではないかと考えている。声をアイデンティフィケーション（本人同定）に使えば、遠隔地や海外にいても電話で用が足りるし、しかも専門家によると今や声紋鑑定の信頼性（確率）はほぼ100%であるという。

　日本国民は18歳（後述するように私は一八歳を成人年齢にすべきだと言っている）になったら声紋を登録しておく。そうすれば行政サービスの申請はすべて電話で可能になる。声によって本人かどうかを識別できるので、電話一本で住民票の変更手続きも、婚姻届けも、自動車免許やパスポートの更新手続きもできるようになる。システムをさらに拡大すれば、選挙の投票も電話で済ませることが可能になり、海外にいる在留法人66万人（うち有権者44万人）や、寝たきり老人100万人も投票できるようになる。投票所にわざわざ行かなくてもいいので手軽だし、旅行中でも入院していても投票できるので、選挙に参加する人が増え、投票率が大幅に伸びるだろう。

　クレジットカードを忘れてホテルに宿泊してしまった時などでも便利だ。チェックインカードに書いた名前が本人であるかどうか、役所に電話すれば簡単に証明してもらえるので、怪しまれないです

む。また、現在のやり方では、印鑑や書類があれば、赤の他人でも本人になりすまして戸籍謄本や印鑑証明を取ることができるが、声紋鑑定のシステムにすれば絶対不可能になる。健康保険も他人のものを使用するような不正ができなくなる。

　もし、ID番号に声紋鑑定だけで不安ならば、生年月日や現住所を言ってもらえばいい。パソコン通信のパスワードのようなものを決めておけば、さらに確実だ。こうしておけば本人かどうかの識別を間違う確率は無限にゼロに近くなる。世の中には重箱の隅を突つくような人がいて、病気や障害で声が出ない人はどうするんだ、差別ではないか、と言うが、そういう場合には、パソコン通信とパスワードを組み合わせたやり方を開発してもいいし、また発声援助装置や、言語ではなくても音声を分析識別できる装置をつくってもいい。とにかく問題を克服する方法はいくらでもあるはずだから、それは積極的な反対の理由にはならない。

　それよりも、こうしたシステムができれば、生活者が行政の手続きをするための時間と労力が、比較にならないほど短縮され、役所の仕事も半減する。行政コストは大幅に下がるのである。さらには、脱税などの不正も激減するだろうし、ID番号でなければ銀行口座や株式売買の口座が開けないようにすれば、資金の透明性が増して、資産隠しや裏金を貯めたりすることができなくなる。どう考えても、国民の90％以上の人たちにとってはメリットばかりなのだ。

　もちろん、これだけ莫大なデータベースとシステムをつくるためには膨大な費用がかかる。だが、景気対策と称して13兆円の予算を砂にまくことに比べたら、はるかに国民のためになることは明らかだ。また昨今言われている新社会資本という概念にもピッタリだ。

これなら60年国債を出して費用を捻出しても、行政コストが将来大きく下がるので、返済の原資はいくらでも出てくる。

◉気まぐれな国家に対する不安

　この「コモンデータベース」システムの法案に対する衆議院法制局の見解は、「公共サービスの質の向上および効率の向上に寄与することとなろうが、制度化の段階ではプライバシーが十分保護されるよう配慮されなければならない。なお、政策判断の問題でもあるが、指紋および声紋を個人の同一性判断の手段に用いることには異論もあろう」というものだ。

　言われるまでもなく、そんなことはわかっている。「コモンデータベース」の実施を考えた時、一番問題になるのは、戦前、戦中のように為政者がこのデータを悪用して、プライバシーを侵害したり、個人をおとしいれたり、危害を加えたりしないか、という部分である。思想的に左翼だというだけでマークされて尾行されたり尋問されたり、逮捕されることが戦前にあった。今でも尾行されたという話を聞くことがある。こんなことは国民の誰もが知っているので、個人のデータが一カ所に集められると、警察がそれを悪用して自分を逮捕するのではないか、という危惧を抱くのだ。かりに今の警察は信じられるとしても、将来はわからない。為政者が変われば、どのようになるかわからない。

　過去の戦争を引き合いに出すまでもなく、日本という国家は、これまでに個人に対して人権を踏みにじるような、悪い行為をたくさんやってきた。国体護持という名目で、旧ソ連に出兵していた人た

ちを、奴隷同然に相手国に引き渡し、国籍を剥奪しようとした国なのだ。だから、日本人の大多数は国家をいざとなると信用していない。もちろん、私も信用していない。別の話になるが、それゆえ私は死刑制度に反対している。なぜなら、所詮は信用できないものが、やはり信用できない仕掛けを使って、人間を殺してしまって果たしていいのか、と思うからである。死刑のような極刑はいけない、と言うのではなく、もしそれをやるのならば、本当に信頼できる国家システムができてからにしろ、と言いたいのだ。

　日本という国家、あるいは世界中の国家というものに対して、私は少しも信用などしていないが、しかし、信用できないという前提から改革をスタートさせると、そのセキュリティー（安全保障）というか、リスク回避に膨大なコストがかかって身動きできなくなってしまう。自動車は運転を間違えば危険である、という前提に立って車づくりをすれば、人の飛び出しを察知して自動的にブレーキをかけるセンサーを積んだり、コーナーで減速する装置を付けるなど、いざという時のものを百も二百も載せることになって、200万円で売れるはずの自動車が1000万円になってしまうのと同じだ。

　したがって、あるどこかギリギリのレベルで妥協していく。そういうプロセスを踏みながら自分たちの手で努力して、本当に信頼できる国家をつくっていくことが大切ではないかと思う。

　ギリギリのレベルというのは、まず、国家がそれを悪用することに歯止めをかける、いわばセーフティーガードの設定である。国家自体は信用できなくても、悪用に歯止めをかける法律や制度をつくってガードしていけば、とりあえず大丈夫であろうから、そこで妥協してみようというのだ。

だが、そんなことでは安心できないという人も多いだろう。提案している私でさえも、そう思う。セーフティーガードの法律ができたとしても、結局、誰かが悪用……、とまではいかなくても本来の目的を越えた使い方をするのではないか。脱税の容疑などがからんでくると、検察は関係者のプライバシーを知るために、いろいろな大義名分を振りかざして利用しようとするだろう。先の金丸事件や茨城県知事、仙台市長の汚職事件にしても、今と同じ基準と意気込みで捜査していたら、二年前、三年前に悪いことが判明していたはずだ。もっといろいろな人が網にかかったかもしれない。検察はどうしてあんなに急にハッスルしだしたんだろう。ゼネコン汚職のような問題は神代の昔からあった、と人々は思っていたし、医者が業者から金を受け取るのも通例だ。それが何かの拍子に思い出したように、特定の人が逮捕されるように人々には映るのだ。つまり、国家は気まぐれだと。それは意図的なものなのか、自然の流れなのか、正義感なのか、悪意なのかわからないが、なぜか突然変わった、というふうに多くの国民の目には映る。それを見ても、国家が常に一定の基準で、一定のボルテージで国民に介入（サービス）しているとは、とても思えない。ある日突然、スピードの取り締まりが厳しくなったり、あっちこっちで猛烈に道路工事がはじまったりするように、行政府の国民に対する介入（サービス）は決して一定のレベルではないのだ。そうではないという証拠がひとつもない。

　将来のある日を境に、検察がさらに大ハッスルして、そこまでやったらやり過ぎと危険を感じるくらいに活躍しはじめるかもしれない。そうではないという保証はどこにもないのだ。これまでにも、これは自民党に都合が悪いから逮捕まではいかないだろうという噂

が流れ、事実、いつの間にか捜査が打ち切りになった例がいくつもある。そうかと思うと、自民党が困ろうが誰が追い詰められようがおかまいなしに、堰(せき)が切れたようにドドッと検挙が続くこともある。

　要するに、国家というものは多分に気まぐれであり、恣意的であるのだ。ちょうど今、暇な警察官が多いから、駐車違反の一斉取り締まりを盛んにやる、といったように、行政のサービスも実は恣意的におこなわれているのである。

　したがって、セーフティーガードをかけたくらいでは心配だ。どこが、どんな出方を、しかも思いつきでするか予想できない、という不安はある意味で当然のことなのだ。だが、私はもしも納得のいくセーフティーガードを設定することができるのなら、ここはあえて妥協をして、行政のサービスレベルの向上と、コストダウンの方向に、政策を思い切って振ってみるべきではないかと思う。また今でもその気になれば戸籍は誰でも閲覧できるし、司法書士に頼めばほとんどの書類はいながらにして手にはいる。税務署は個人の銀行口座の取引実態をつぶさに調査できる。その意味で、現状ではプライバシーは必ずしも守られているとは言えない。だから、今よりは安全でプライバシーの保護にもかない、しかも生活者の利便性が大幅に向上する、というところで決断するのが良いと思う。

　「平成維新」の目的は、国家の仕組みを簡素化しサービスの質を上げて、同時にコストを削減することにあるので、ここで思い切ることは理にかなっているのだ。

●なれあいの三権にデータベースは渡せない

　では、どのようなガードを設けるのか。
　私は、三権分立の見直しにそのヒントが隠されていると思う。結論を先に言えば、三権を四権にして、新しく誕生させる「人権の母」のようなものを、三権の上に置けばいいのだ。
　近代国家はこれまで金科玉条のごとく立法、行政、司法という三権分立を信じてやってきたが、三権がそれぞれ独立して、互いに牽制し合いながら、健全に発展してきたかというと、どうもそうではないように思える。おそらく日本人の大多数も、教科書に示してある三権分立の理想と、現実はずいぶん違うじゃないか、と感じているのではないか。
　たとえば、立法府の人たちが利権が欲しいと思って、ある法律をつくった。内閣法制局にチョコチョコッとまとめてもらって、利益誘導型の法律を多数決で成立させてしまった。そのお陰でいいことをしていると、いつの間にか、それは違法であるという法案が通過した。閉会前のゴタゴタの中だったので、内容をあまり吟味せずに手を挙げて成立させてしまったのだ。とはいえ、国会で可決した以上は立派な法律である。いいことをしていた議員たちは、その日から、違法なことをしていた悪いやつらとなり、やがて逮捕されて追及を受ける。リクルート・コスモス事件のとき問題となった株式市場でのインサイダー・トレーディングは、このような例の一つである。道徳的によくない、という問題が、事件があってからは違法という範疇に入れられてしまったのだ。もちろんアメリカではずっと

前から違法であったのだが。

　と、こんな構図を考えてみると、司法府というのは実は立法府の下位にあるのではないか、と思わずにはいられない。これは正しいという絶対的な概念がなく、立法化されたもの（法律）の基準に従ってしか司法権を発揮できないのでは、三権の独立といっても限界がある。

　では、逆に、立法府とは司法府を下に置けるほど尊厳があるのか、あるいは社会正義というものについて深く考える努力をしているのか、というと全然そんなふうには見えない。国民の人権までちゃんと考えて議論している様子もない。議論を戦わせることなく、安易に手を挙げて、はーい、今国会では（官僚という行政府が作った）120本の法案を成立させました、とやっている。

　そのくらい気まぐれで行き当たりばったりの立法府と、そんな立法府でつくった法律を拠りどころにしてしか裁くことができない司法府と、そしてやはり恣意的にしか動かない行政府、この三権しかない国家の果たしてどこに、国民の大切なプライバシーの集積である「コモンデータベース」を預けることができるのか。

　極端な言い方だが、もし、行政府が丙午（ひのえうま）の人は２カ月以内に交通事故を起こすので即刻隔離するか、死刑にしたほうがいいと神がかったようなことを言いだし、立法府もそれは大変だと、この間のPKO法案の時のように大急ぎで、２年以内に交通違反を５回以上している丙午（ひのえうま）の人は５年以上の懲役、さらに自動車税を払っていなければ重罪、違反のない人でも丙午（ひのえうま）なら一年以下の禁固、という法律をつくり、併せてことは危急なので誰がその条件に該当するのかデータベースで検索してもよい、と国会で決議したらどうなる

か。日本の今の法体系で司法府はそれに待ったをかけられるだろうか。おそらくは何も言わずに、行政府が逮捕した人たちをその悪法に照らして、お前は10回違反があって税金も払っていないので死刑だ、お前は7回違反があるので7年の懲役に処す、などと危険な判決を言い渡すに違いない。しかも、司法府は法のできた根拠そのものまで遡って、立法が間違っているから法を作り直せ、とは言わないだろう。

こういう具合に考えると、三権のどこにもデータベースは渡せない。それならば、憲法を改正して厳正中立な"第四権"をつくり、三権を上回る力を持たせることはできるだろうか。

学校で近代民主主義の大前提であると習った三権分立は、どうやら三権が分立していなければいけないという必要条件であって、十分条件ではなさそうだ。したがって、"第四権"ができても少しもおかしくないし、そういった位置づけならば「コモンデータベース」を委ねてもいいと思う。

◉国民の人権は人権府が守る

三権の上に置く"第四権"の位置づけは、「人権府」である。ここで言う「人権」とは、中国の人権問題を云々したりする時に使う狭義のヒューマンライツではなく、憲法の中にある人間の尊厳とか、プライバシーを守ってもらう権利、思想の自由、宗教の自由などを大きく包括した広義のヒューマンライツなのだ。すなわち、国民一人ひとりの人権は、「人権府」が最後の砦として強い力をもって守るのである。

「コモンデータベース」にある個人の情報の開示は、人権問題であるから「人権府」にまかせる。どんな小さな情報の引き出しであっても必ず「人権府」の承認を得た手続きによらなければならない仕組みにするわけだ。

　「人権府」に「コモンデータベース」専任の責任部門（かりに"人権院"とする）を置き、人権院が情報開示のお目付け役となる。たとえば、ある行政府がパスポートの発行のために、このデータベースをこのようなルーチン（日常業務）で使いたいと言えば、国民へのサービスレベルを高めることになるので、そのアクセスを認めるが、それを使って恣意的に、あるいは意図的に情報を組み合わせたり、ある人の親戚のなかにおかしな病歴を持った者がいないかを調べたりしないようにコンピュータに鍵をかけることを確認する。「ここまではＯＫだが、そこから先はNOだ」という判定をし、その判断基準を公開するのだ。

　司法府が「Aという人がエイズの治療をしたことがあるかどうか知りたい」、と言ってきたら、人権院はなぜ知りたいのかという背景をまず聞き出す。Aが雇用主からエイズだと疑われて解雇され、それを不服に訴訟を起こしたのならば、プライバシー保護の立場からAのデータは絶対にリリースしない。法的な手続きのために事実を知る必要があるのなら、Aの承諾を得て血液検査をすればいいのだ。だが、もしAが凶悪な犯罪をおかし、女性を人質にして立てこもり、女性に性的危害を加える可能性がある、としたらどうするか。人権院の真価が問われるのは、こうした場合であろう。

　人権院の数は、11人くらいで十分だと思う。3〜4人では重要な判断をする時は不足であろうし、かといって何十人もいたのでは

責任感も薄れるし、議論も十分にできない。そして、大きく意見が分かれた場合には奇数のほうがいいので、11名……なのだ。

　それよりも問題は人物の中身なので、公正無私な判断ができる人を慎重に選ぶ必要がある。私はまず自薦他薦によって候補を選出し、さらに国民による直接投票（レファレンダム）でふるいにかければいいと思う。議員もやった、参議院議長もやった、勲一等紫綬褒章ももらったので、もう名誉も金もいらない、と、そんな人がいいのではないか。

　さらに、データベースを守る最後の砦として、ペンタゴン（アメリカ国防総省）の核ボタンのようなセキュリティー装置を付けておけば万全であろう。良識ある人権院の人たちがどんなに抵抗しても、不当な侵略が防げない場合はボタンを押して、データベースにアクセスする部分を破壊してしまうのである。もちろんコモンデータベースはバックアップを常に用意し、核攻撃に見舞われても少なくともワンセットは完全な形で残るように設計されていなくてはならない。このような個人のデータさえあれば、もう役所が勝手に書式を決めたり、個人にバラバラの番号をくれたりすることもなくなる。どこの国でもやっているこのもっとも単純なこと、個人ID番号と情報の一元化が、自民党政権のもとではできなかった。脱税者の論理でグリーンカードをつぶしてきたのである。新政権にはこれを政治や行政の透明性、生活者重視のシンボル、21世紀型社会資本整備の見本としてぜひ法制化してもらいたい。

4. 道州制への道

1 富を生み出す道州制への道
── 九州をモデルケースに

RTOCS：リアルタイムオンラインケーススタディ事例 ④
(◎大前ライブ 448：2008/5/25)

もしも私が「初代の九州道知事」に任命されたら、
どのようなビジョンを描くか？

　最近、道州制へ向けた議論を耳にする機会が増えてきた。いよいよ俎上に上ってきたと言うべきか。

　わたしが、かねてからの道州制推進論者であることはご存知の人も多いと思う。「地域国家論」の提唱者として、わたしは19世紀的な国民国家からの脱却を世界中で呼びかけてきた。EUや中国の台頭を地域国家の集合体として見る見方も折に触れて提示してきた。

　世界の繁栄する地域を見れば、その秘訣がROW（Rest of the World：その他世界）から呼び込むことにあることは明らかだ。日本ではいまだに国民の払う税金で景気刺激をするしかないと考えている人々が大半だ。富の分配はその前提として富の創出がなくてはならない。いま日本の人口はまさに少子高齢化しており、毎年40万

人ずつ就業人口が減っている。GDP（国内で生み出された総付加価値）を維持するだけで毎年７％の生産性向上がなければならない。これは今の日本の能力からいってほぼ不可能な数字だ。また生産性の高い、競争力のある企業は先を競って海外に出て行っている。つまり国内での付加価値、すなわち富の創出にはこれから先あまり貢献しないだろうということだ。

富の創出の議論を忘れて道路建設や福祉の充実など富の配分の議論ばかりすれば、その原資は未来から、すなわち子孫から借りてくるしかない。しかし、将来の少なくなった就業人口でこの借金を返すことは至難の技だ。

解決策は二つに一つ。第一は今の大阪で橋下知事がやっているような歳出の削減である。５兆円の借金を1000億円ずつ返していくという話だが、それでも50年かかるということである。借金に利子が付かなければ、という話だ。利子が２％付いただけで1000億円だから、借金は永遠に減らない、という話でもある。政府の財政削減論者が言うプライマリーバランス（これ以上借金が増えないレベル）というのは要するにそういう話しだ。

もう一つが、真剣に富の創出を考える、ということである。その場合には日本を再起動するくらいの覚悟でやらなくてはならない。その一つの方法が世界に有り余るお金を呼び込むことである。道州制とは富の再配分機構としての中央集権国家を解体し、世界から富を呼び込む責任を「地域国家」に持たせる、というものである。同時に一部の立法権限を道州に委譲することによって富の創出を真に志向させるものである。すなわち、富を真に作り出すか世界から呼び込む行政の単位──これが道州ということになる。

◉歳出削減から富の創出へ

　大きさは今の北海道（道）、あるいは九州（州）の単位で十分である。世界では30万人くらいの人口でも立派にOECDのメンバーになっているアイスランドのような国もあるし、繁栄する国家像をみればデンマークやシンガポールのように300万人から600万人くらいの人口のところが多い。

　この道州連邦国家の概念はいま、国会議員などが言っている道州制とはまったく異なるものである。今までの議論は、「市町村合併のあとは都道府県だ」「47もの行政単位を集約して費用を倹約しよう」という歳出削減の考え方である。それで先行的に北海道を例にとって、国の出先機関と道庁の重複機能などを集約して1000億円の削減を目指す、などという試算が出ている。今までの作業のどこを見ても、富の創出や海外からの富の呼び込みの議論は俎上にさえ載っていない。

　そこで今回は、道州制に移行した後のビジョンを考えてみよう。例として取り上げるのは、九州道だ。現在の九州がまるごと一つの「道州」になるものとして、シミュレーションをしてみることにする。

　本題に入る前に、いくつかお断りをしておこう。まず道の長（行政上の長）の呼称については、「県知事」と混乱しないように、ここでは「道長」とする。また沖縄については、今回の九州道構想からは除外するものとした。道州制推進論者の間でも沖縄を九州道に含めるか否かは意見が分かれているが、わたし自身は「沖縄は大繁栄する東シナ海のハブになるために九州道とは別の道州にするべき

だ」と考えているからだ。

　仮に九州道の一部とした場合、沖縄は「九州道アンド沖縄」みたいな付属品的扱いになるだろう。それでは沖縄の価値が消えてしまう。沖縄は、本土とは異なる独自の文化・風習を持ち、また地政学的にも東シナ海という大繁栄地のなかで栄える力を秘めている。だからこそ、中央集権の縛りを解いて繁栄のための立法権まで献上し、一つの地域国家として九州道とは別にかじ取りできるようにするべきなのだ。

　さあ、皆さんも、実際に自分が新しい道州の長になることを想定して考えてみていただきたい。

●アジア主要都市に近い九州の地の利を生かす

　さて、あるべき九州道の姿を知るために、まずは現在の九州の経済規模から確認していこう。

　九州全体の人口は1323万人。日本全体の10.3％を占めている。面積も同じく、日本の10.3％である3万8946km²だ。そしてGDPは日本の9.3％である48兆円。このように九州はほとんどがちょうど日本の10％なのである。「九州の人口、面積、GDPは日本全体の10％」ということを頭に入れておいてほしい。GDPが若干低いのは、東京という非常に高い値を持つ地域があるからだ。

　九州の主要産業は、自動車と集積回路、そして農業である。今後も安定的な成長が望める分野と言っていいだろう。ちなみに、九州のGDP 48兆円という数字は、国でいうとオーストラリア、オランダに次ぐレベルで、ベルギーやスイスよりも大きい。わたしが九州

の道長になるのなら、「条件としては悪くはない」と納得して職に就くことができるだろう。

　次に九州の位置を改めて確認しておきたい。日本地図を開くと、みなさんご存じのとおり九州は日本の西南部にある。ではアジアというスケールで見ると、いかがなものか。下の地図（図1）を見てほしい。

　福岡を中心に1000km圏を見ると、東京、大連、青島(チンタオ)がほぼ同じ距離にある。上海はもっと近くて800km圏内だ。長崎を中心に見ると、上海まで600kmから700kmの間なので、東京よりも上海が近いことになる。台北(タイペイ)へも2時間で着く距離感なのだ。

　このアジアのなかでの位置も、ぜひ頭に入れておいてほしい。アジアの主要都市に近いという立地条件が、九州道を成長させる重要な条件になるのだから。

　なにしろ、黄海経済圏での経済成長を見ると、中国の主要都市は

図1　アジアの主要都市と九州

アジアの主要都市に近い立地である

© BBT総合研究所

10%を超えるGDP成長率を遂げているのだ。韓国でさえ4.9%だ。九州の西側にあるアジアの主要都市は、軒並み高い成長率を誇っているのがよく分かる（図2）。

では、逆の東を見るとどうか。九州の東、つまり我が日本の成長率はわずか1.5%。日本の一部である九州も、江戸時代・徳川家光の時代に定まった参勤交代のころから変わらず、常に東を向いて生きてきた。だから日本の成長率に合わせて九州の成長率も1.4%にとどまっている。九州道が今後も東を見続けるかぎり、これからも成長率は低いままなのだ。

だからこそ、これからの九州道に成長をもたらすには、東ではなく西、要するに黄海経済圏を向くことが大事だ。西だけではない。南の台湾、北の韓国、ロシアも、九州にとっては非常に重要な存在だ。そういうボーダーレスな黄海経済圏に入ってしまえば、アジア

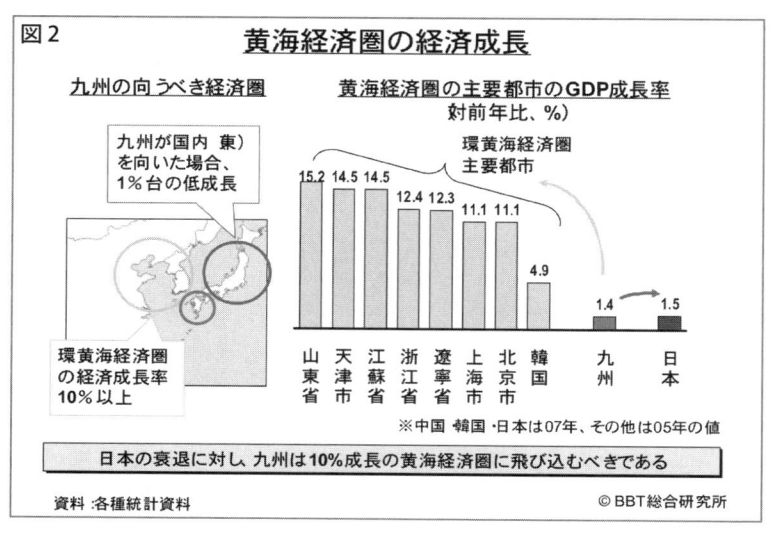

図2　**黄海経済圏の経済成長**

九州の向うべき経済圏／黄海経済圏の主要都市のGDP成長率（対前年比、%）

- 九州が国内（東）を向いた場合、1％台の低成長
- 環黄海経済圏の経済成長率10％以上
- 環黄海経済圏主要都市

山東省	天津市	江蘇省	浙江省	遼寧省	上海市	北京市	韓国	九州	日本
15.2	14.5	14.5	12.4	12.3	11.1	11.1	4.9	1.4	1.5

※中国・韓国・日本は07年、その他は05年の値

日本の衰退に対し、九州は10％成長の黄海経済圏に飛び込むべきである

資料：各種統計資料　　©BBT総合研究所

主要都市の高い成長を九州に引っ張ってくることができる。あるいはリードすることさえも可能だろう。

●黄海経済圏のモノの流れを九州へ呼び込む

黄海経済圏のモノの流れを見ると、東（日本）の技術や機械、部品を、西、つまり韓国や台湾に売り、中国で最終製品に仕上げる経路になっている。そして中国で作られた製品が世界中に売られていくわけだ（図3）。

この流れを把握すると、日本、なかんずく九州の演じる役割が非常に重要であることが見えてくる。この役割をさらに発揮させるためには何が必要か。答えは、日本の前線基地となる九州に、日本中の先端企業を集中させることだ。いまは三菱重工長崎造船所などが

図3 **黄海経済圏諸国の主な特徴**

環東シナ海における技術・モノの流れ

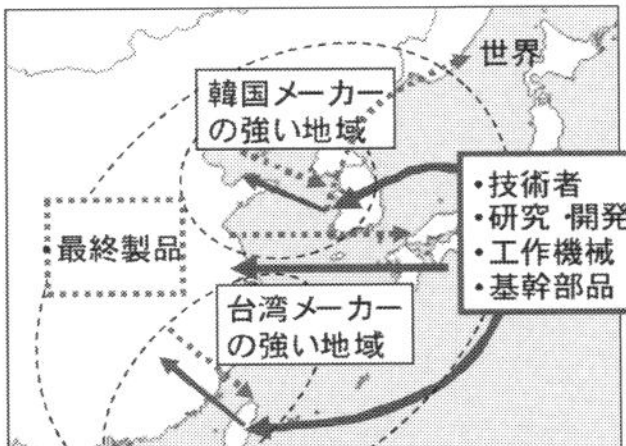

- 韓国メーカーの強い地域
- 最終製品
- 台湾メーカーの強い地域
- 技術者
- 研究・開発
- 工作機械
- 基幹部品

生産に関する特徴

・中国：低コストの生産拠点
・韓国：日本から部品を仕入れ、中国で生産
・台湾：EMSを中心に世界のエレクトロ産業を集積
・日本：
　－先端素材・部品を供給
　－工作機械の生産

日本中の企業を九州へ集積させる

九州は中国や韓国ができず、日本が得意とする産業を集積させ、東アジアの生産工場の面倒を見る、そしてエンジニアリング支援業務機能として位置づけることが重要

資料：各種資料　　　　　　　　　　　　　　　　　　　© BBT総合研究所

あるために、鋼船建造量が大きく、日本の3分の1を占めている。

シリコンアイランドらしく、集積回路生産額も26％と高い。素材生産額（22.1％）、農業生産額（18.8％）、自動車生産台数（約10％）もなかなかのものだ。漁業生産額も26.3％と高いのだが、これには中国から輸入したものを含めているので、若干割り引いて考えるべき数値といえる。

いずれにせよ、九州がいろいろな会社の製造拠点である（または「たり得る」）ことは間違いない。伝統的には自動車関係でいえば、ホンダ、トヨタ、日産、半導体には東芝、ルネサス、東京エレクトロン、デンソー、ファナックなどが拠点を置いている。宮崎には沖電気工業のかなり大きな半導体工場（宮崎沖電気）があるが、この10月にはロームに売却することになった。このように会社名を羅列しただけでも、なかなか優良会社の大工場が集積していることが分かる。

●国際的な観光地としても人気の高い九州

またアジアの主要都市から近いこともあって、海外から観光に来る人の数も多い。海外からの観光客というと最近は北海道が注目されているが、実は九州のほうが外国人宿泊数は多いのである。県別で見たらそれほど多くはないのだが、九州全体でまとめてカウントしたら相当のものだ。よくよく考えれば、九州には黒川温泉、由布院温泉、霧島温泉郷、島原、五島列島、天草など、温泉地を中心に人気の高い風光明媚（めいび）な観光地も多い。水もおいしく、名水百選のうち18が九州にある（図4）。

また、福岡空港と博多港を利用した外国人観光客を調査してみる

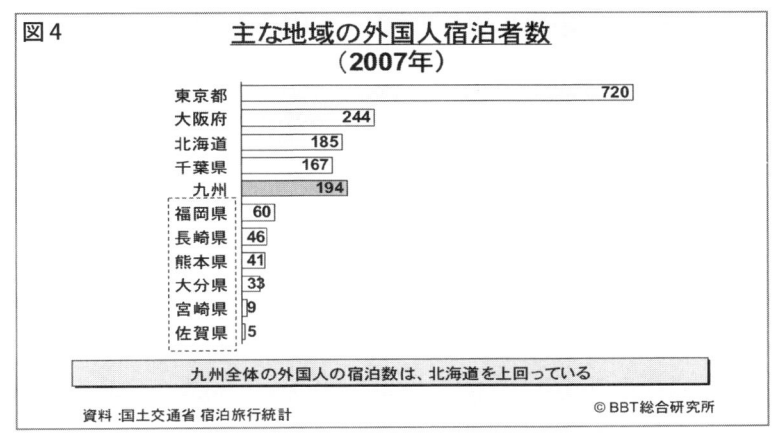

```
図4  主な地域の外国人宿泊者数
          （2007年）
東京都   720
大阪府   244
北海道   185
千葉県   167
九州     194
 福岡県  60
 長崎県  46
 熊本県  41
 大分県  33
 宮崎県  9
 佐賀県  5

九州全体の外国人の宿泊数は、北海道を上回っている

資料：国土交通省 宿泊旅行統計          ©BBT総合研究所
```

と、韓国、台湾、中国で9割を占めている。さすが韓国・釜山まで高速艇で2時間55分の距離にあるだけのことはある。それに最近、中国の人は魚を中心とした日本食と温泉に目覚めたらしい。韓国には温泉が少ないので、週末に九州に来るというパターンだ。韓国の釣り人は魚影の濃い対馬に来る。東アジアの人々は九州に関してかなり「オタク」的なはまり込みを見せているのだ。

◉道州制移行後の税制・金融改革はどうなるか

さて、九州の位置、特徴が見えてきたところで、いよいよ本題だ。道州制移行後にどのような改革が必要かを考えてみたい。

まずやりたいのは、税制改革だ。九州道になるからには、県とは違って何らかの税制上の優遇措置を取る必要がある。少なくともアジア中の金持ちが九州各所に別荘を造ってくれるようなことをする必要がある。ほかの国を見回してみると、急成長を遂げている国は、

法人税減税や所得税のフラットタックス化などの策を講じているのだ。九州道だって負けてはいられない。

　金融関係での改革も必要だ。現在、九州には福岡証券取引所があり、ベンチャー向けには Q-Board という市場もある。しかし、あのようなちっぽけな、悪く言えば東京の盲腸のようなものでは力不足だ。「アジアで上場するなら、上海よりも九州がよい」と言われるような本格的な株式市場がほしい。そして、世界でも一流の株式市場運営のスキルを持った取引所やプロフェッショナルな人材も連れてくる。こうして、日本を含むアジアや世界からの投資や資金流入を促進するのだ。

　証券取引所のルールも国際スタンダードにしたい。東証などで使われている日本式のやり方は、ルールが計算機・電算機に合わないところがある。せっかく世界のお金を集めようというのだから、従来とは一線を画し、すべて国際スタンダードに切り替えたい。そして、国内に限定しないクロスボーダーの取引所を作る必要がある。

　それから銀行にもメスを入れたい。いまの九州は地方銀行の集積地と言っても過言ではないが、それでは物足りない。やはりこちらも、世界一流の金融機関に第2本社を作ってもらいたい。そしてそれに見合った一流の人材もいないとダメだ。いま世界の金融機関の時価総額を見ると中国の建設銀行や工商銀行などがトップ10の中に4行も入っている。これらの支店が福岡に来ることも肝心である。

●ハブ空港「鳥栖」を中心とした交通網の改革

　九州の地の利を生かした交通網も作りたい（図5）。

いまは県別に空港が分散しているが、九州に欲しいのは全域をカバーするようなハブ空港なのだ。そこで鳥栖がクローズアップされてくるわけだ。鳥栖からは（宮崎を除いて）九州全域へつながる高速道路が走っている。鳥栖ジャンクションは、九州自動車道、長崎自動車道、大分自動車道のジャンクションになっており、ここに造るハブ空港からは各地域にシャトル便を運行すればいい（図5）。

鳥栖に関する唯一の懸念は、新幹線だ。在来線において重要な乗換駅となっている現在の鳥栖駅から、約2km離れたところに新幹線の新鳥栖駅を造る計画なのだが、これでは不便だ。新鳥栖駅を、従来の鳥栖駅とクロスさせる必要がある。新幹線で「新」と付く駅を造ったところはいずれもうまくいっていない。今からでも遅くないので、従来の鳥栖駅と隣接する形で新鳥栖駅を造るか、あるいは両者を短時間で結ぶ方法を検討すべきなのだ。そうすれば、鳥栖駅

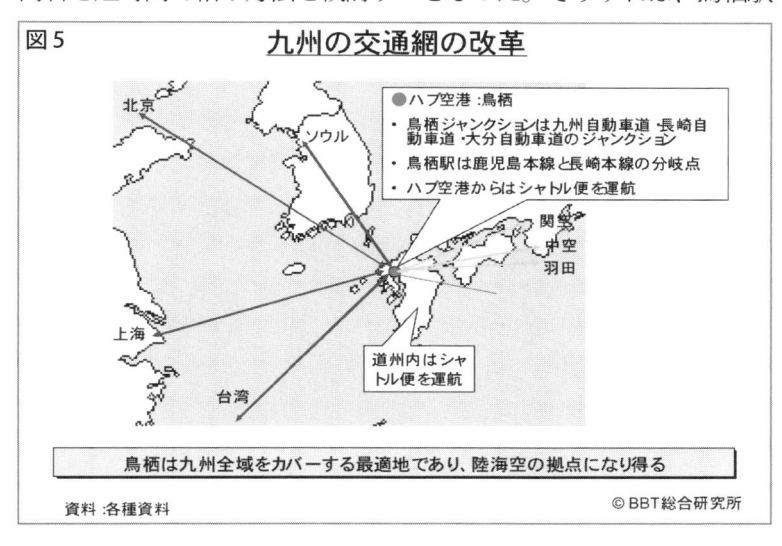

図5 九州の交通網の改革

● ハブ空港：鳥栖
・鳥栖ジャンクションは九州自動車道・長崎自動車道・大分自動車道のジャンクション
・鳥栖駅は鹿児島本線と長崎本線の分岐点
・ハブ空港からはシャトル便を運航

道州内はシャトル便を運航

鳥栖は九州全域をカバーする最適地であり、陸海空の拠点になり得る

資料：各種資料　　　　　　　　　　　　　　　　　　© BBT総合研究所

が「九州全体のメインの駅」となるだろう。

　こうして鳥栖を中心に新しい九州道を構築する。

　このように新しい九州道を構想するといくつかのコールドスポットが出来る。宮崎や鹿児島の南部はやはりアクセスが悪い。なにしろ宮崎も鹿児島も風光明媚な地域で、海外から観光客は来るだろうが、産業は集積しにくい。しかしこうしたところは日本全国からアクティブシニアに移り住んでもらって大がかりなコミュニティをつくることだ。米国のカリフォルニア州ラグ・ニゲルなどに見られる活気に満ちたシニアタウンだ。気候も温暖で広大な土地があり、かつまた農水産物もおいしい。休みには孫たちも喜んできてくれるような大規模なシニア向けの産業を全国から誘致する。

●アジアでコミュニケーションを取れる人材育成が急務

　世界からお金を集め、あらゆる先端産業の集積地としてやっていくとなれば、当然、それに適応できる人材育成も必要だ。よその国の例を見てみれば、東ヨーロッパでは外国語を話す人が5人に1人はいる。この強さを利用して英語、ドイツ語、フランス語などのコールセンターや業務処理センターが続々と集まってきている。語学が21世紀の産業集積の鍵となっているのだ。九州道もそのようにしたい。そしてアジアから人材を積極的に受け入れ、逆に日本人をアジア各国に輩出するのだ（図6）。

　そのためには、語学教育が重要になる。文科省の全国一律で画一的なカリキュラムを改め、九州道独自に、韓国語、中国語を学べるカリキュラムを作成する。そして、コミュニケーション能力を中心

に学校教育から抜本的に変えていく。従来、日本の外国語教育というと文法や単語力重視のカリキュラムであった。それを「無意味」とまでは言うまいが、外国人とリアルなコミュニケーションを取るという語学教育の本来の目的からすれば失格だ。

　だから、九州道には、東京偏重の文科省など要らない。独自に道州文科省をつくり、そこで真に必要なコミュニケーション能力を中心とした外国語教育を施すのである。義務教育を終えるまでには1年間、東アジアのいずれの国かに滞在し、文化と語学を修得して人的ネットワークも構築するようにしたい。今の教育にかかる補助金（年間70万円くらい）をもってすれば、海外で1年間は十分に生活することができる。

　さきほど例に挙げた東ヨーロッパ、例えばポーランドに人が集まるのはフランス語が通じるからだ。チェコではドイツ語や英語が通

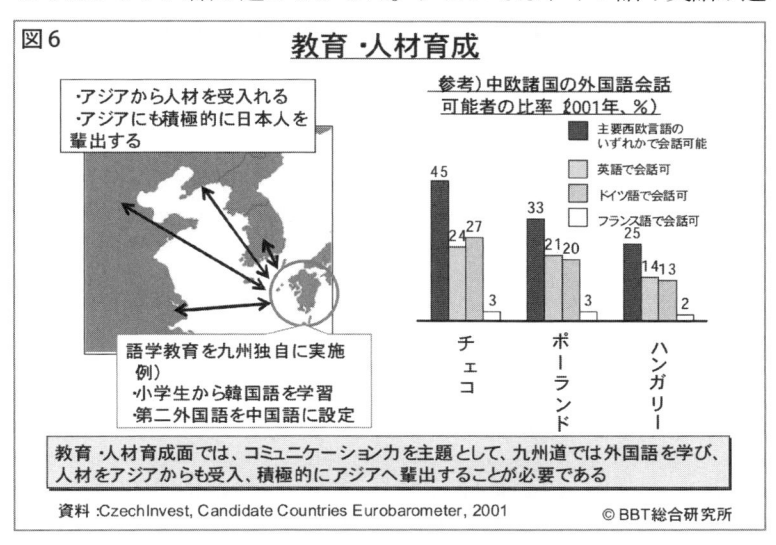

図6　**教育・人材育成**

・アジアから人材を受入れる
・アジアにも積極的に日本人を輩出する

語学教育を九州独自に実施
例）
・小学生から韓国語を学習
・第二外国語を中国語に設定

参考）中欧諸国の外国語会話可能者の比率（2001年、％）

■ 主要西欧言語のいずれかで会話可能
□ 英語で会話可
□ ドイツ語で会話可
□ フランス語で会話可

チェコ：45、24、27、3
ポーランド：33、21、20、3
ハンガリー：25、14、13、2

教育・人材育成面では、コミュニケーション力を主題として、九州道では外国語を学び、人材をアジアからも受入、積極的にアジアへ輩出することが必要である

資料：CzechInvest, Candidate Countries Eurobarometer, 2001　　©BBT総合研究所

じる。ハンガリーにはドイツ企業の業務支援センターが出来ている。言葉が通じるからこそ新しい付加価値の高い仕事が入ってくるのだ。

　九州の場合にはそういう業務だけでなく、ハブ空港が出来ればその周辺にはアジアに展開している日本企業の技術支援センターや、アジア本社も立地してくるだろう。いざとなればアジアのほとんどの都市に数時間で飛ぶことができるし、東京とは異なった目線でアジア展開をリードしていくことができる。中央集権に順応し、参勤交代を続けていた時代には全く気がつかなかったアジア諸国との連携関係が毎日の関心事となる。テレビなどもアジア各地のものが原語で放映されるようになる。滞在客や企業の出向者たちが九州を第二の故郷と感じてくれるだろう。

　このように、産業、税制、金融、観光、拠点、企業家、人材と、あたかも独自の国であるかのようにやれるのが、道州制なのだ。

　ところで、いまの極端な中央集権国家＝日本はいかにして日本道州連邦へと移行できるのであろうか？

　1995年に雑誌「文藝春秋（三月号）」で発表した道州連邦制の論文で、わたしは3段階の移行を提言している。第1段階は各県議会が互選によって道州長を選んでいく。県別になっている国の出先機関を道州で統合していく。欧州の統合の過程でいえばEEC（欧州経済共同体）というフェーズである。第2段階では一部の立法権を譲り受け、予算も県をまたぐようになる。欧州共同体（EC）のフェーズ、といってもよい。最後は道州長を直接投票で選ぶ第3フェーズである。

　そのような考えを実行するにも、まずは新しい九州道の長になら

なくてはいけないわけだ。仮に道長が、２期目までは従来の県知事の間で互選で決まるとしよう。３期目から道議会が出来て立法権の委譲が行われ、道民の直接投票で道州長を選ぶことになる（図7）。

だから、まず道長になるには、知事の互選で選ばれないといけない。そのためには知事を刺激し、機嫌を損ねるような発言は控えることが肝要である。つまり、宮崎県には高齢者を持っていくというような、どこかの県が差別されるようなことは口に封をする。その代わり、「教育を変えよう」「小学校から韓国語をやろう」というような、どの県も平等に実施できるような全体ビジョンから提案していくのだ。

そして選ばれてしまえば、２期目の互選まではその路線を貫く。さすれば２期８年は確定だ。そして２期目に突入したら、もう知事に遠慮する必要はない。３期目の直接投票で選ばれるように、地域の住民に喜ばれるための政治活動を行なう。

わたしだったらその段階で初めて、この記事に取り上げたような

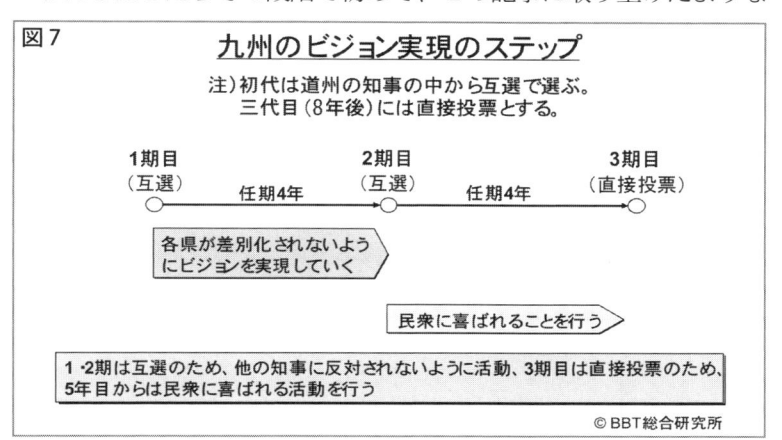

図7　**九州のビジョン実現のステップ**

注）初代は道州の知事の中から互選で選ぶ。
　　三代目（8年後）には直接投票とする。

| 1期目（互選） | 任期4年 | 2期目（互選） | 任期4年 | 3期目（直接投票） |

各県が差別化されないようにビジョンを実現していく

民衆に喜ばれることを行う

1・2期は互選のため、他の知事に反対されないように活動、3期目は直接投票のため、5年目からは民衆に喜ばれる活動を行う

© BBT総合研究所

「真の九州道プラン」を明確に提示するだろう。この期に及んで知事が「あの野郎、2度目の互選まではオレたちに都合の良い話ばかりして、心の中ではこんなことを考えていたのか」と怒り出しても、もう関係ない。2期目の残り4年で、やるべきことを実行する。

そして、住民に「人もたくさん来るようになったし、お金も集まるようになった。九州が少し元気になった」と思ってもらえたら、3期目の当選は確実だ。実際、わたしのプランを現実に行おうとするならば、3期12年はかかるだろう。しかし、道長を次の人にバトンタッチしながらのリレーでは実現するのは無理だ。一人の道長が明確なビジョンを持って12年計画で実現に向けて尽力するしかない。

サマータイムで甲論乙駁(こうろんおつばく)、結局先延ばしとなった日本のことである。道州連邦への移行は総論賛成・各論反対を絵に描いたような様相になるだろう。いまは賛成する知事も多いが、現実には知事職は5分の1に減るのだ。最後まで賛成でいられるかどうか、はなはだ心もとない。だからこそ、ここでは若干の皮肉なシナリオも含めて、あえて九州を例に取り12年間にわたる移行過程のシミュレーションを、架空の野心的な現職知事を想定しながら彼が初代道州長となるまでのロードマップを紹介してみたのだ。

富の配分から創出へ。そして富を創出する単位、世界から潤沢な資金、企業、そして人材を導入する単位としての「(大前版)道州制」を記述してみた。

（SAFETY JAPAN 第133回 2008/6/18 日経BP社　http://www.nikkeibp.co.jp/）

第4章 観光編

1. もしも私が観光庁長官だったら?

RTOCS:リアルタイムオンラインケーススタディ事例 ⑤
(◎大前ライブ 530:2010/3/7)

> もしも私が「観光庁の溝畑宏長官」だったら、日本への観光客を年間3千万人にするという公約で具体的にどのようにするか?

　溝畑さんが観光庁長官として任命されて、日本の来日観光客をいずれ3千万人にすると、おいおいおいとそういうものですね。
　それで、貴方が、溝畑さんだったらどうしてこれを達成するか、こういう話です。日本はですね、現実は、800万幾つまで行って、

ようこそニッポンキャンペーンというのが小泉さんの時にスタートして、その後は、とんとん拍子で1千万人いくかなと思ったら、やはり去年は流石にリーマンショック以降ですから、ストンと落ち込んで700万人もきっちゃったと、こういう状況です。それで3千万人ということを言う勇気は凄いね（図1）。

それで、どういう人が来ているかというと、やはりアジア、北米、欧州、いずれも98年に比べて、つまり10年前に比べて増えてます。それでここに国別のやつを書いてますけど、韓国がやっぱり多い、台湾、中国、香港、その前に米国があります。それからオーストラリアの人も日本が好きでね、これスキー客なんかも入ってますけども、そういう人々が来ていると、ヨーロッパ非常に少ないですけども、イギリス、フランスと、そういう順序ですよね（図2）。

それでここが外国人訪問者、国別ランキングで1位がフランスで8千万人ですね。2位が巨大なアメリカですね。それからスペ

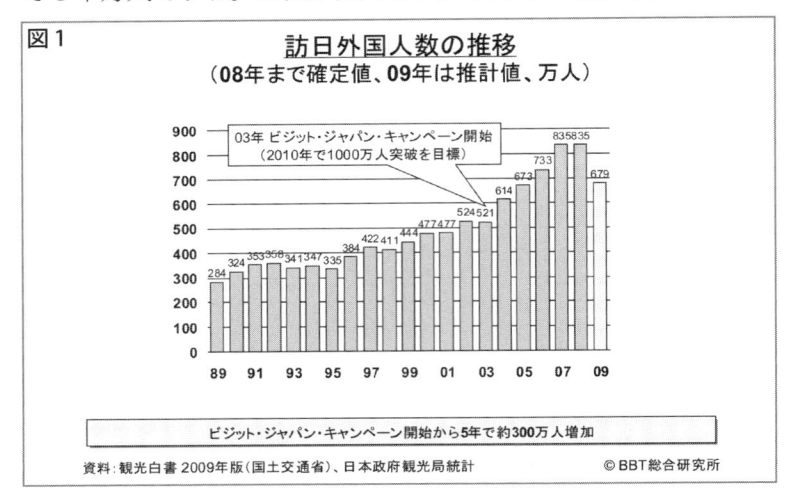

図1 **訪日外国人数の推移**
（08年まで確定値、09年は推計値、万人）

03年 ビジット・ジャパン・キャンペーン開始
（2010年で1000万人突破を目標）

年	89	90	91	92	93	94	95	96	97	98	99	00	01	02	03	04	05	06	07	08	09
万人	284	324	353	358	341	347	335	384	422	411	444	477	477	524	521	614	673	733	835	835	679

ビジット・ジャパン・キャンペーン開始から5年で約300万人増加

資料：観光白書2009年版（国土交通省）、日本政府観光局統計　　©BBT総合研究所

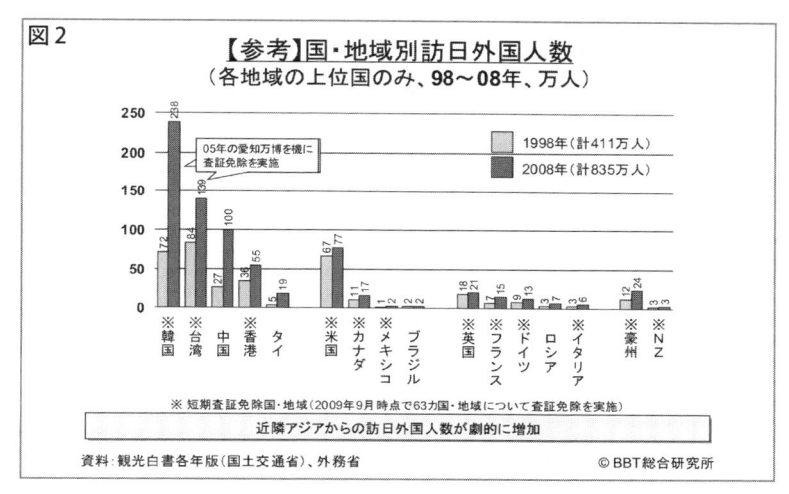

図2 【参考】国・地域別訪日外国人数
（各地域の上位国のみ、98～08年、万人）

- 1998年（計411万人）
- 2008年（計835万人）

05年の愛知万博を機に査証免除を実施

国・地域	1998年	2008年
※韓国	72	238
※台湾	84	139
中国	27	100
※香港	36	55
タイ	5	19
※米国	67	77
※カナダ	11	17
※メキシコ	1	2
ブラジル	2	2
※英国	18	21
※フランス	7	15
※ドイツ	9	13
ロシア	3	7
※イタリア	3	16
※豪州	12	24
※NZ	3	3

※ 短期査証免除国・地域（2009年9月時点で63カ国・地域について査証免除を実施）

近隣アジアからの訪日外国人数が劇的に増加

資料：観光白書各年版（国土交通省）、外務省　　　　　　　　　　©BBT総合研究所

イン、これも意外に人気ありましてね、まぁ、宗教的な理由でね、訪問する人もいますけど、色々な巡礼とかね。それから中国が最近のしてましてね、5千万人、それからイタリア。3千万というと調度イギリスですね。

イギリスの今の外国からの訪問客が3千万人ということです。ウクライナって意外に外国から来る人多いんですよね。それからトルコ、ドイツ、ロシアということで、まぁ、せめてウクライナ並みということですね。3千万というのはそういうことで、日本のような所からみると3千万という数字は無理ではないけども、しかし、今、来ない理由というのが克服されないとここまでいかないという訳ですよ。それでですね（図3）。

アジアだけで見ると中国、マレーシアが観光、熱心なんですよ。ヴィジットマレーシア計画て言うのをずっとやってましてね。マレーシアがアジアだという広告をずっと良く出してるんですよ。

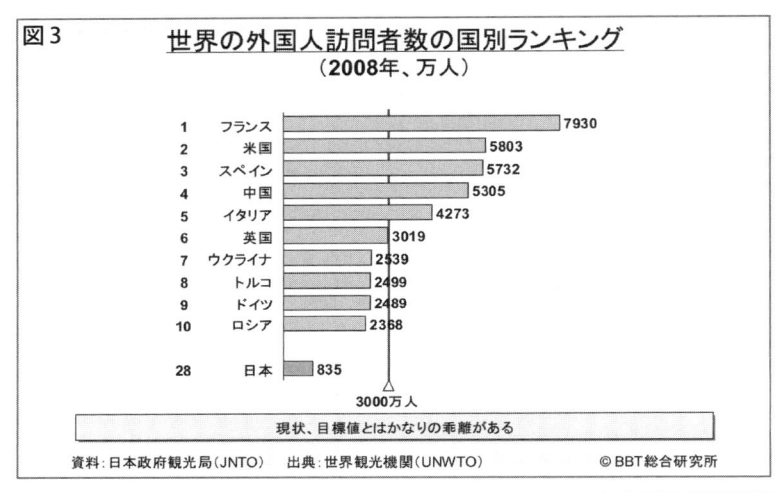

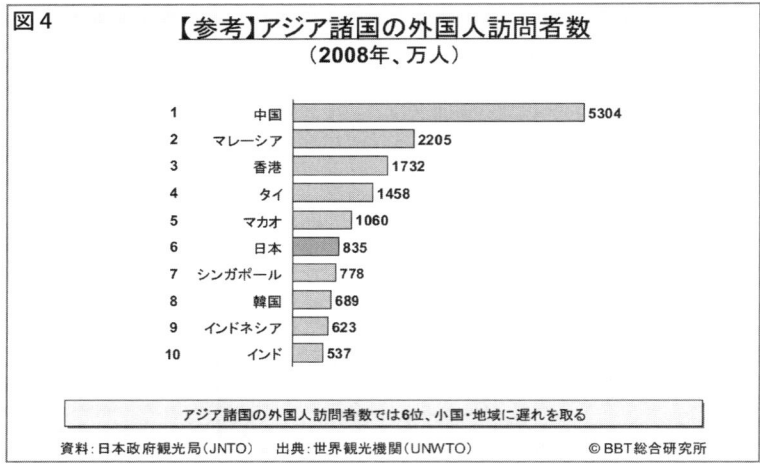

図3 世界の外国人訪問者数の国別ランキング
（2008年、万人）

順位	国	万人
1	フランス	7930
2	米国	5803
3	スペイン	5732
4	中国	5305
5	イタリア	4273
6	英国	3019
7	ウクライナ	2539
8	トルコ	2499
9	ドイツ	2489
10	ロシア	2368
28	日本	835

3000万人

現状、目標値とはかなりの乖離がある

資料：日本政府観光局（JNTO）　出典：世界観光機関（UNWTO）　©BBT総合研究所

図4 【参考】アジア諸国の外国人訪問者数
（2008年、万人）

順位	国	万人
1	中国	5304
2	マレーシア	2205
3	香港	1732
4	タイ	1458
5	マカオ	1060
6	日本	835
7	シンガポール	778
8	韓国	689
9	インドネシア	623
10	インド	537

アジア諸国の外国人訪問者数では6位、小国・地域に遅れを取る

資料：日本政府観光局（JNTO）　出典：世界観光機関（UNWTO）　©BBT総合研究所

　それから香港、タイ、マカオ。マカオより日本は少ないと、こういう所があります。そこでですね、シンガポールはかつて多かったんですけど今、700万人位ですかね、ですから日本の方がちょっと

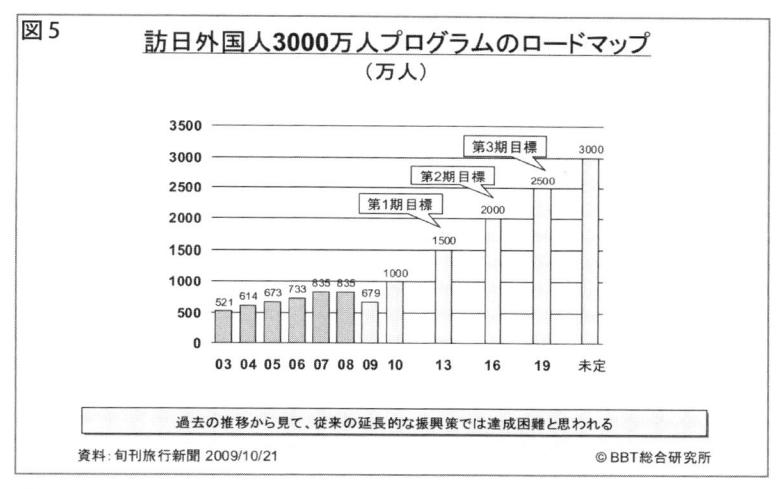

図5 訪日外国人3000万人プログラムのロードマップ
（万人）

第1期目標：2013年 1500
第2期目標：2016年 2000
第3期目標：2019年 2500

03: 521、04: 614、05: 673、06: 733、07: 835、08: 835、09: 679、10: 1000、未定: 3000

過去の推移から見て、従来の延長的な振興策では達成困難と思われる

資料：旬刊旅行新聞 2009/10/21　　©BBT総合研究所

上ということですね（図4）。

　実はこのプログラム（図5）を見ますと、1000万人が今年、そして2013年が1500、2016年には2000、あれ、早いですね3年毎に、そして2019年には2500、そして、いつか分かんないですけど3千万、実際は2025年と言ってますね。25年に3千万とこういうことなんですけれども、これはやっぱり、韓国もビックリというくらいアグレッシブな計画ですね。

　そこでですね、日本に訪問する上での阻害要因を見ないといけないですね。何ですかと、物価と言語、それから遠い、時間ですね、交通、食事その他、つまり、これを見ると、もちろんフランスとかでもそういう文句が出ることはあるんです。

　だけど安くいく方法があるんです。私は学生時代にアーサー・フロムと言う人の「1日5ドルでヨーロッパ旅行」という本がアメリ

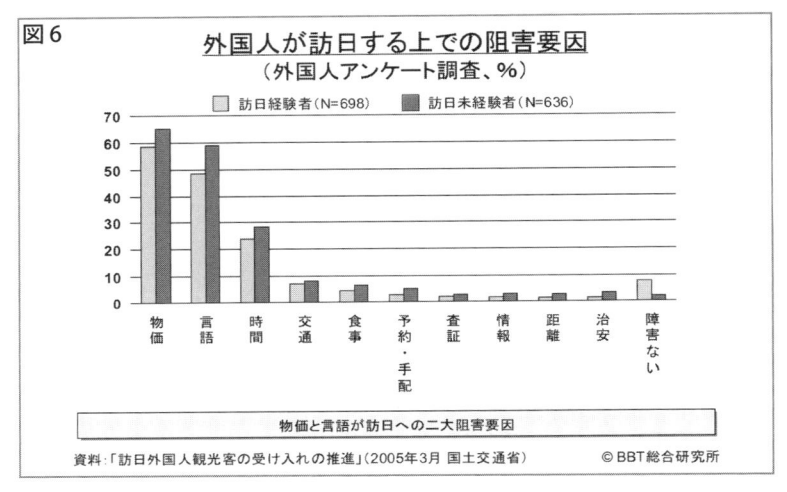

図6 外国人が訪日する上での阻害要因
（外国人アンケート調査、%）

訪日経験者(N=698) / 訪日未経験者(N=636)

項目：物価、言語、時間、交通、食事、予約・手配、査証、情報、距離、治安、障害ない

物価と言語が訪日への二大阻害要因

資料：「訪日外国人観光客の受け入れの推進」(2005年3月 国土交通省)　©BBT総合研究所

カで凄く売れてるんですけど、それを抱えてヨーロッパ1ヶ月旅行しましたよ。1日5ドルで行けるんです。

　今は1日100ドル位になってると思いますけど。そういういい本が有るわけですよ。そういうやつが日本の場合はないんですね。1日5ドルとかね、1日5ドルじゃなくていいんですけど、1万円でもね。そういうことで日本は遠い、高い、言葉分かんない、チンプンカンプンだと、こういうことですね（図6）。

　ここで訪日経験者と訪日したことのない経験者があるんですけど、訪日しても解決してないことが分かります。つまり日本政府はようこそと言いながら、実は、「来るなお前」ということになってる訳ですね。従って、政府の取り組み状況を見るとビジット・ジャパン・プロモーション、一生懸命やってる。ブランド、秋葉原、物価高のイメージを払拭、なんてやってます（図7）。

　それからビザ発給の緩和とか色々やってますけど、いずれにして

図7 外国人観光客の受入促進の政府の取組状況

情報発信
- プロモーション
  - ビジット・ジャパン・キャンペーン事業（重点12カ国・地域へのプロモーション）
  - 10カ国対応のWEBサイトの運営
- 日本ブランド戦略
  - コンテンツ、日本食、ファッションなどソフト産業の振興とビジット・ジャパン・キャンペーンとの連携
- 物価高イメージの払拭
  - 飲食店、宿泊施設等の価格情報紹介
  - 公共交通事業者の情報発信の促進

受入体制の整備
- 査証発給の緩和・迅速化
  - 韓国、台湾へのビザ免除
  - 中国団体、家族への観光ビザ発給
- 出入国手続きの迅速化
  - 入管職員の海外空港への派遣（事前確認）
  - 時間を要する外国人の別室審査（セカンダリ審査）
- 案内所・ガイドの整備
  - 全国200箇所超のビジット・ジャパン案内所
  - 通訳案内士制度の拡充

© BBT総合研究所

図8 訪日促進における公共交通事業者の取組状況
（訪日外国人専用の企画切符：鉄道）

企画切符	事業者	参考価格
JAPAN Rail Pass	JR6社	7日間28,300円〜
JR EAST PASS	JR東日本	5日間20,000円〜
Suica & N'EX	JR東日本	成田EX対応Suica
JR-WEST RAIL PASS	JR西日本	京阪神1日2000円〜
Hokkaido Rail Pass	JR北海道	3日間15,000円〜
KANSAI THRU PASS	関西私鉄	3日間5,000円〜
Fuji Hakone Pass	小田急	7200円
ALL NIKKO PASS	東武	4日間4,400円
スカイライナー＆メトロパス	京成・メトロ	1日間2,100円〜

資料：観光庁資料　　　　© BBT総合研究所

もこれじゃダメですね。今言った様な阻害要因については、全くダメと。それで、これ EuRail Pass とか、アメリカなんかにもあるんですけど、車乗り放題、JAPAN Rail Pass とかいうのは、7日間は何日のってもいいんですけど、グリーン車はダメですけど、あとは大丈夫です（図8）。

新幹線もできますね。そういう風なものがこうあって、バラバラにやってるというところに問題があるんです。ですから、日本がどのくらい国鉄なんかが、旧国鉄がバラバラになってるのか何とかを知らないから。だから東日本のものだけ買っても、これは京都にいけないとか、こういう事になっちゃうわけですよ。

　この辺が問題なんですね。小田急だけ買うといってもご苦労様ですと、こういう感じですよね。それから金融機関の取り組み状況としては、VISA、マスター、AMEX、JCB、銀聯（ぎんれん）、ダイナース、これ、ゆうちょ銀行とセブンだけは対応して、あとのところは、殆ど、つまりメジャーバンクが対応してないということが分かりますよね。ここにも大きな問題があります（図9）。

　それから、3千万人に向けてはどうするかというと、私が溝畑さんであればこうすると、航空運賃、来るのが高い！オープンスカイでLCC（ローコストキャリア）をバンバカ入れちゃえと。

　宿泊滞在は、お二人様で1泊2食という、夜と朝を縛るやり方

図9　訪日促進における金融機関の取組状況
（海外発行カードのATM対応状況）

銀行名	VISA	Master Card	AMERICAN EXPRESS	JCB	中国銀聯	Diners
ゆうちょ銀行（約26,000台）	O	O	O	O	O	O
セブン銀行（約13,000台）	O	O	O	O	O	O
新生銀行	O	O				
シティバンク銀行	O					O
香港上海銀行　東京支店	O	O				
三菱東京UFJ銀行				O	O	
三井住友銀行					O	

資料：観光庁資料　　　　　　　　　　　　　　　　　© BBT総合研究所

を日本の旅館はやりますね。これやめろと。彼らが3日滞在したら、同じ料理が3日出たといってビックリして帰っちゃいますからね。ですから、素泊まりを基本の価格設定として1日100ドル以下のモデルコースを提供出来なければいけない。

それから交通観光情報、これらについては、携帯を使いましょうと、それでQRコード。携帯でQRコードでもって24時間、多言語対応、コンシェルジュサービスを出しましょうと。それからトラブった時にはですね、携帯を利用して、出入国管理、そういう所にすぐ連絡がいくと、こういう事が出来るんじゃないかと（図10）。

つまり私の溝畑対策は、携帯！つまりこれは、3千万というと、個々のアイデアで高山(たかやま)を魅力あるようにするとか、京都を魅力あるものにするとかというのはダメです。

3千万と言うことは、日本人1億2千万人の3分の1が来るということで、フランスでは全国民と同じ数だけ年間に来るわけでしょ。そういうことは、システムで解決しなくちゃいけないという

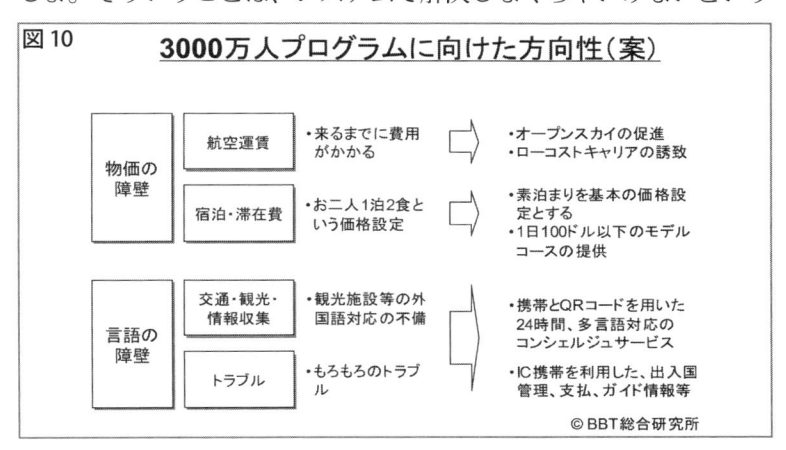

図10　**3000万人プログラムに向けた方向性（案）**

物価の障壁	航空運賃	・来るまでに費用がかかる	⇒	・オープンスカイの促進 ・ローコストキャリアの誘致
	宿泊・滞在費	・お二人1泊2食という価格設定	⇒	・素泊まりを基本の価格設定とする ・1日100ドル以下のモデルコースの提供
言語の障壁	交通・観光・情報収集	・観光施設等の外国語対応の不備		・携帯とQRコードを用いた24時間、多言語対応のコンシェルジュサービス
	トラブル	・もろもろのトラブル		・IC携帯を利用した、出入国管理、支払、ガイド情報等

©BBT総合研究所

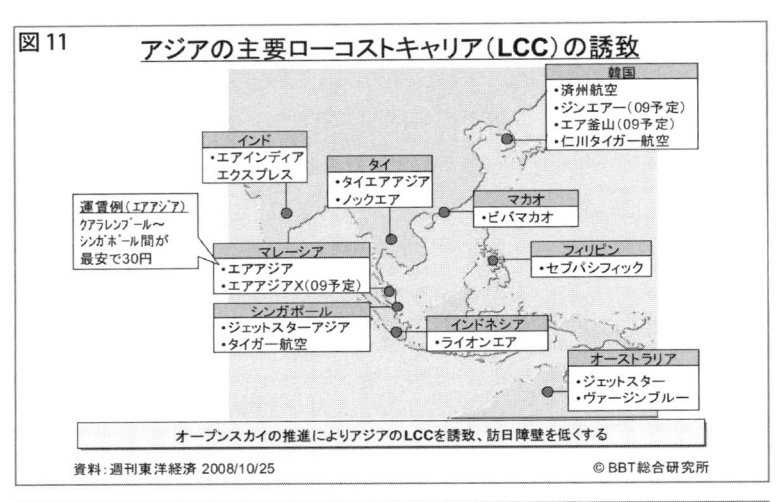

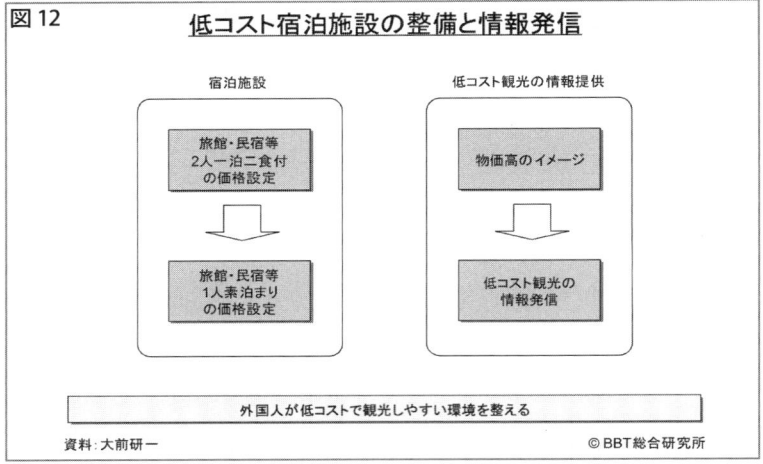

図11 アジアの主要ローコストキャリア（LCC）の誘致

韓国
- 済州航空
- ジンエアー(09予定)
- エア釜山(09予定)
- 仁川タイガー航空

インド
- エアインディアエクスプレス

タイ
- タイエアアジア
- ノックエア

マカオ
- ビバマカオ

運賃例（エアアジア）
クアラルンプール～シンガポール間が最安で30円

マレーシア
- エアアジア
- エアアジアX(09予定)

フィリピン
- セブパシフィック

シンガポール
- ジェットスターアジア
- タイガー航空

インドネシア
- ライオンエア

オーストラリア
- ジェットスター
- ヴァージンブルー

オープンスカイの推進によりアジアのLCCを誘致、訪日障壁を低くする

資料：週刊東洋経済 2008/10/25　　© BBT総合研究所

図12 低コスト宿泊施設の整備と情報発信

宿泊施設

旅館・民宿等 2人一泊二食付の価格設定
↓
旅館・民宿等 1人素泊まりの価格設定

低コスト観光の情報提供

物価高のイメージ
↓
低コスト観光の情報発信

外国人が低コストで観光しやすい環境を整える

資料：大前研一　　© BBT総合研究所

ことですね。幸いローコストキャリアはアジアに一杯ありますから、ここの人達がドンドンドンドンどこにでも入ってらっしゃいと、これが一つですね（図11、12）。

図13 IC携帯電話の活用

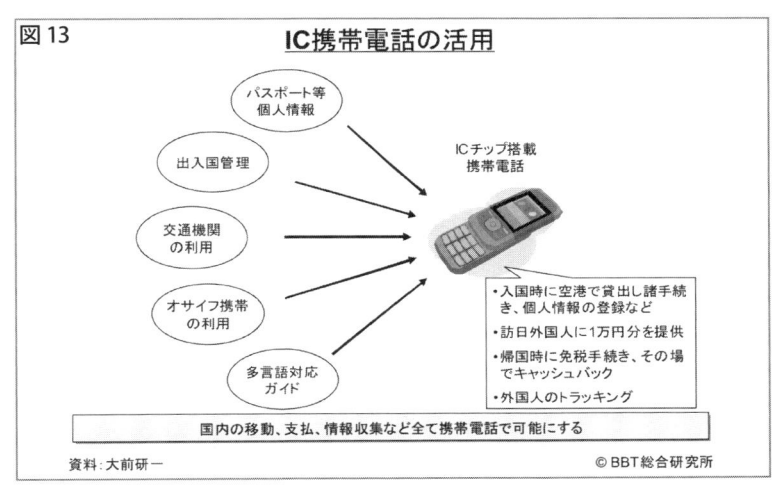

- パスポート等個人情報
- 出入国管理
- 交通機関の利用
- オサイフ携帯の利用
- 多言語対応ガイド

→ ICチップ搭載携帯電話

- 入国時に空港で貸出し諸手続き、個人情報の登録など
- 訪日外国人に1万円分を提供
- 帰国時に免税手続き、その場でキャッシュバック
- 外国人のトラッキング

国内の移動、支払、情報収集など全て携帯電話で可能にする

資料:大前研一　©BBT総合研究所

　それから、これですね、縛るのはやめなさいと、3日間滞在していたら好きなところで食べなさいと、こういうことですね。それで、IC携帯電話、パスポート、出入国管理、交通機関、サイフ、多言語対応、で入国時に空港で貸出し、諸々の手続き、個人情報登録して、パスポートまで読みこんでしまう（図13）。

　それで訪日外国人に1万円分のICチケットを入れておいてあげると。だからそこから東京駅へ行ってもPASMOでピッ、という感じですね。帰国時に免税手続きをして、このクレジットカードまで読み込ましてしまったら、それで全部買えるようにしちゃう。

　それで帰る時に5％の消費税を還付してやる。今、海外でそれやると手続き、めんどくさい、めんどくさい。これを瞬時にしてポーンと返してしまう。それから外国人が日本に滞在時のトラッキングに使って、1日1回は電池入れなさいと。

　そうするとどこにいるか分かるでしょうということで、それで何

図14 IC携帯電話の活用
（多言語対応ガイドのイメージ）

政府・ボランティア

- コールセンター → 多言語対応のスタッフによる適時適切なガイド
- WEBサーバー → QRコードに対応した情報を即座にメールやインターネットで提供

読み込み ← 各観光スポット等に配置（QRコード）

携帯を利用して24時間多言語対応のガイドを実現

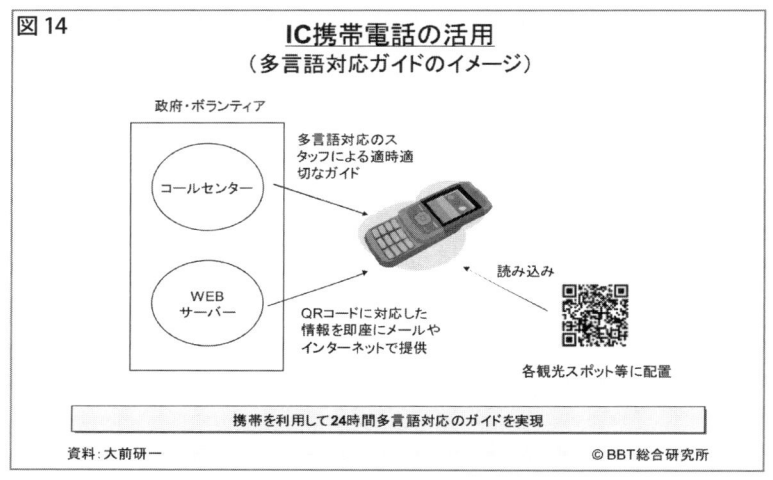

資料：大前研一　　©BBT総合研究所

図15 IC携帯電話の活用
（オサイフ携帯）

クレジットカード情報 ⇒ 両替不要 →
- ホテル・旅館
- ショッピング
- 交通機関
- 免税措置キャッシュバック
- 1%のポイント還元

利用履歴の保存

両替なしで電子マネーを使用、帰国時に免税措置、ポイント還元でリピート効果

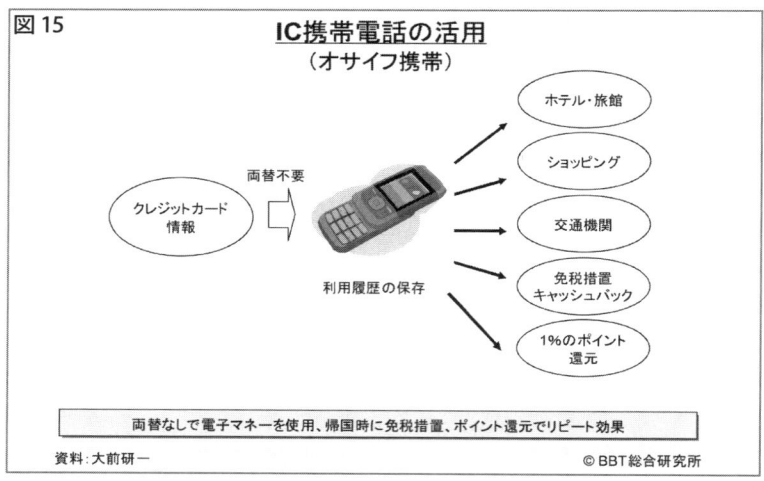

資料：大前研一　　©BBT総合研究所

か問題があった時には、ボタンひとつで、コールセンター、WEBサーバーで、QRコードで、何かあった時にはこういうものでやっていきますよと、日本電装も喜ぶこのQRコード、こういうことで24

時間、電車なんか乗っても、これビーンとやると、その国の言葉でビーンと出てくるという、そういうことですね（図14）。

それからお財布ケータイ、クレジットカードを登録しておけば、こういうもの全部、ホテルの手続きも書き込む必要ない。これでもってパスポートも何も書き込んでありますから（図15）。

はい、いらっしゃいませ、スミスさんどうぞ、こういう感じになりますね。1％のポイント還元、免税措置、全部これ出来ますよと。この世界で一番進んだ日本の携帯、これを味わってもらって、あたし一人じゃないのねと。それで迷ってしまったらすぐに分かるGPSで貴方どこと。このそばで食べたいものあったらシャッ、イタリア料理がいいと言ったらシャッと出てくるじゃないですか。

こんな国ないんですよ。これを日本で使って、ベリーコンファタブルなローカルの人間と同じ扱いになる、こういうことですね。ガイドがいなくても何の心配もないと。それでこれは全部相互乗り入

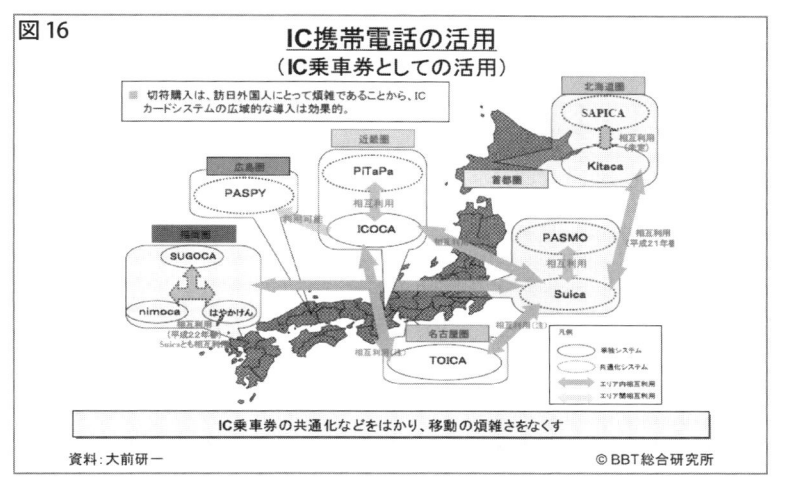

れできるように強制的にやってしまいましょうと。3千万人来るんだからねと、こういう話ですよね（図16）。

　そして最後はですね、出入国管理の迅速化をして、在日中は、パスポート代わりの身分証明、そして不法滞在が、30日のビザが切れた瞬間に、まだこの電話が帰ってなければ、その日から捜査を始めると、それで行動のトラッキングも出来ます。この様な不法者の監視もできる。つまり、私の答えは電話です（図17、18）。

　携帯電話という日本が世界で最高に進んだもので、ローカルの人と同じだけのエンジョイをする。そうするとさっき言った様な不満も払拭される。それからLCC（ローコストキャリア）によって安く入ってきて、ホテルとかそういう所もこれで支払えるし、政府が1万円を最初からもうくれてあげてると。それで乗ってもいいし、話してもいいし、クレジットカードを読み込ませてもらえれば、そいつもいれといてピーンと、こういうことですね。

　こんな国来たら、噂が噂を呼びますよ。最後に今、ドコモの店にいくと、自分の携帯のバックアップとってくれますよね。あれと同じサービスで今回のものを取っておいて、次回来た時には、それでジャッと入れると前に行ったおいしい店も登録されていると、こういう話ですよね。この話を続けるとキリがないでしょ。

　でも皆さん、アイデア分かるでしょ、これをやっていけば3千万人来るんですよ。何が日本の魅力なのかということを個々に考える必要ない。全ての人はね、違うことが面白いと思う。有る人は、１０９（いちまるきゅう）に行く、有る人は、秋葉原に行く。ある人は、北海道に行くでしょ。だから一々言わない、フランスがそこまでいけるのはそ

図17 IC携帯電話の活用
（出入国管理、セキュリティ対応のイメージ）

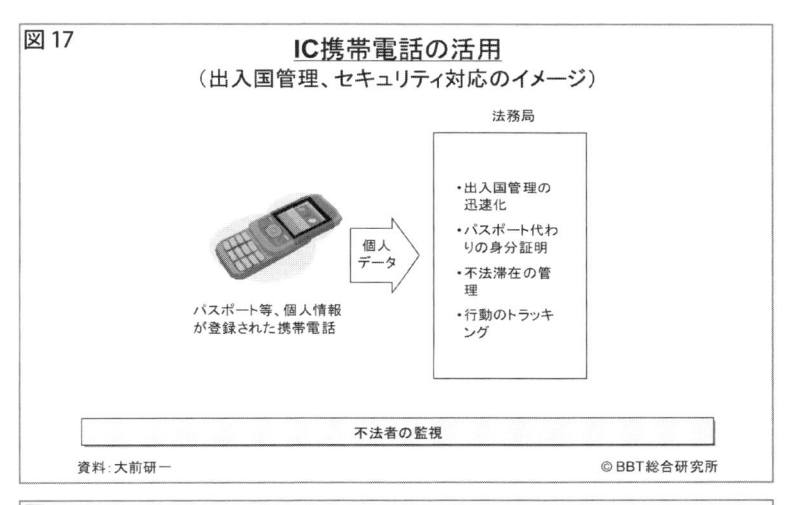

パスポート等、個人情報が登録された携帯電話

→ 個人データ →

法務局
- 出入国管理の迅速化
- パスポート代わりの身分証明
- 不法滞在の管理
- 行動のトラッキング

不法者の監視

資料：大前研一　　　　　　　　　　　　　　　　　　　　© BBT総合研究所

図18 IC携帯電話の活用
（導入コストの対応案）

訪日外国人へ10000円付与 ・年間3000万人で3000億円 →
- 政府振興・補助金
- 民間事業者の協賛金
- 協力事業者への優遇措置
- 観光客は日本で1万円以上利用、トータル収支でプラスと

IC携帯端末 ・ピーク時対応で約360万台を準備 →
- 使用済み携帯を活用
- キャリア各社から無償提供

資料：大前研一　　　　　　　　　　　　　　　　　　　　© BBT総合研究所

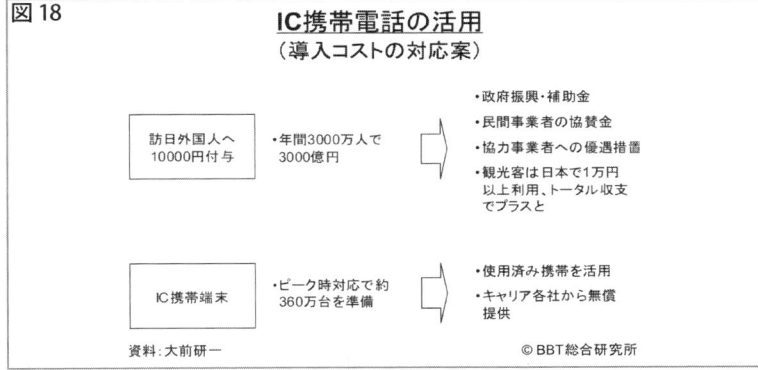

れなんですよ。皆、要するに思い思いのフランスに行くわけよ。だからここのところをね、システムで解決しなくちゃいけない、個々の観光のアイデアなんか、どうでもいいんです。それで3千億円というと、大体それ位の予算を使っちゃいますから。それで、古い携帯を焼き直してこれ使ってもいい。それから電話会社に100万

台ずつ寄付してもいいんですけど、実はですね、ちょっと計算してみますと、3千万人で3千億円ですよ。
　これは、充分に予算が出来る、1万円を付与してあげてもね、大体1週間いれば29万円位使ってくれるからペイすると。それからピーク時でですね、計算してみますと、360万台あればいいんです。だから大体、常時50〜60万人位来てるんですけど、春節のときなんか、360万人位が来る可能性あるんですけど、それだけ準備しとけばいいんですね。ということで、使用済み携帯の活用か、キャリア各社から提供させると、こういうことですね。これで終わりです。3千万ということはね、1千万とか2千万だったらどうするかということを考えるけど、3千万ならシステムで対応しなければいけない。それで、自分の日本を発見してくださいと。
　そうするとまた、複数回来ます。私はそういうのが、溝畑長官であればこれ位のことはするよと、こういう感じですかね。日本に来た時は天国ですよね。
　こういう携帯、世界中にないです。GPSでね、市ヶ谷に立って、はい、私はどこで食べようかというと携帯にビーンと降ってくるんだから。こんな国ないのよ。日本の携帯はガラパゴスですが、ガラパゴスにいるときにはイグアナを楽しんでくださいと、こういう話ですかね。ローカルになる、外国人がローカルになるというのが最大の武器ですよ。困ったらすぐに電話と！

（大前ライブ530：2010/3/7）

BBT大学大学院エアキャンパス(AC)の発言より

Title: 振り返り R41 観光庁 日常の問題意識の高さを感じた
Sender: 中村健太郎
Date: 2010/03/09(火) 06:05

■自身の結論:(要旨)
※国内世論を盛り上げる
※中国からの観光客誘致強化(ビザ規制撤廃)
※LCC誘致
※外国人アドバイザー採用
※インフラ整備(宿泊施設充実、表示を含む言語対応、銀聯カード、休暇分散化推進)
※観光客誘致活動については、地方や民間の取り組みをサポートすることに徹する。

■学長の解説:
・3000万人という数字は、過去の推移から見て、従来の延長的な振興策では達成困難。システム対応が必要。
・現在の阻害要因:物価(高い)、言語(わからない)、時間(遠い)を変える。この問題はリピーターにとっても変わらない。個別の施策ではこの部分変わらないからダメ。
・LCC誘致、低コスト宿泊施設の整備。
・IC携帯電話の活用。入国時に空港で貸出し、個人情報を登録、多言語対応ガイド、オサイフ携帯に電子マネー1万円分を提供、IC乗車券として活用、出入国管理に使う。

■気づきと反省点:
・まずは、3000万人という数字が過去の延長的な取り組みでは達成困難という視点が持てていなかった。
・LCCと宿泊インフラの整備は考慮していたが、携帯を使って……の部分は全く発想できなかった。
・確かに携帯を使えば、これらの課題は解決できるだろうし、これを実現できるのは国だけだと思う。
・今回一番強く感じたのは、携帯のアイディアなどは、今回急に思いつけるような話しではないと思った。普段からどんな使い方ができるか、こうしたらもっと便利とか、自分で考えておく、アンテナを高くしてイメージしておくことが

かなり大切な部分だと思う。そういったイメージがあれば、今回のような応用が利くのだと思う。
・使い方のイメージだけではなく、最後にしっかりと「コスト」と「台数」といった左脳での検証を行っている。

[2010年3月8日（Mon）中村健太郎]

2. 観光庁が外国人向けにスマートフォンで情報提供へ

(◎大前ライブ 547：2010/7/4)

外国人旅行で面白いと思ったのは、観光庁がスマートフォンで情報提供－空港、駅などで貸し出して、コンシェルジュ機能をやりますと、沖縄で開始って言うんですけど、これ覚えてます？

高機能携帯ガイド

**外国人向けに
スマートフォンで情報提供
〜観光庁〜**

空港、駅などで貸し出し
名所、飲食店情報など提供

10月から沖縄で開始

溝畑さんがこの前、食事した時に嬉しそうに沖縄で今度やりますと言ってね。調度私は、皆さんに見て頂いたリアルタイムオンライ

ンケーススタデイ（RTOCS）のあの部分のビデオと、パワーポイント資料を溝畑さんに送ったんですね。そしたら、ご飯食べたいということで食事して、それで色々他にも話したんですけど、沖縄で今度やりますからということ言っていてね。あれ、もう記事になってると、フットワークいいじゃないですか！　あの時に使ったチャートはこういうものですけどね（下図参照）。

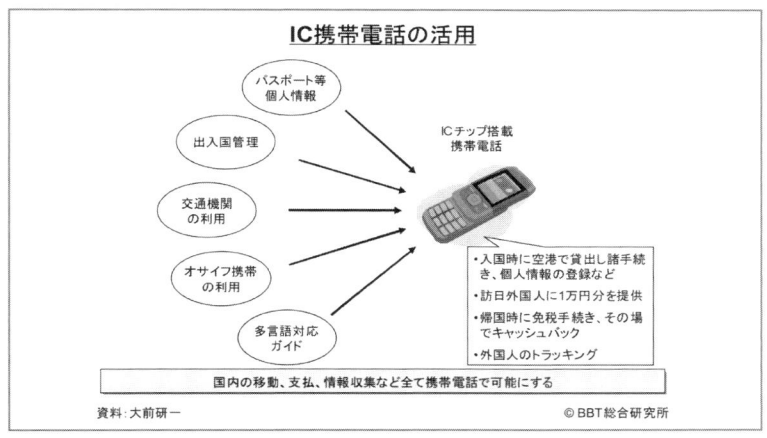

IC携帯電話の活用

- パスポート等個人情報
- 出入国管理
- 交通機関の利用
- オサイフ携帯の利用
- 多言語対応ガイド

→ ICチップ搭載携帯電話

- 入国時に空港で貸出し諸手続き、個人情報の登録など
- 訪日外国人に1万円分を提供
- 帰国時に免税手続き、その場でキャッシュバック
- 外国人のトラッキング

国内の移動、支払、情報収集など全て携帯電話で可能にする

資料：大前研一　　　　　　　　　　　　© BBT総合研究所

　今回、それに比べると、若干スケールが小さいなという気もするけれどもね、私の場合は、入管の時にこれをくれてやって、それでどこにいても居場所も分かるという、トレーシングにも使おうと思ってたんでね。ちょっとその一部ですけども、でも嬉しいよね。そういう事やってくれて、沖縄とはいえ、そこで実験してうまくいったら全国にというのは。ガラパゴス電話も少し使い道があるという事が分かるということで、皆さんにはご報告になりますけど、新聞で読まれた方は、あれっと思ったんじゃないですか。

（大前ライブ547：2010/7/4）

アイフォーンで情報支援　沖縄で外国人観光客に実験

　観光庁がソフトバンクの子会社などと組み、外国人観光客向けに、米アップルの高機能携帯端末（スマートフォン）「Phone（アイフォーン）4」を活用した情報提供サービスの実証実験を行うことが9日、分かった。外国人観光客が買い物や移動をスムーズにできるように支援する。沖縄県で10月から実施し、その後は京都や東京への拡大も検討する。

　アイフォーンを通して、最寄りの飲食店や観光施設の情報を提供する。また、24時間対応のコールセンターを設置し、買い物やタクシーに乗るときなど、言葉が通じずに困ったときに英語や中国語などに通訳するサービスを行う。

　外国人観光客向けに、空港や港などで計100台、希望する飲食店やホテルに計200台をそれぞれ無料で貸し出す。今年12月には、既にアイフォーンを持っている観光客も同じ機能を使えるようにする。

　実証実験は、観光庁の補助金約13億円のうち約2億円をあてる。沖縄県がソフトバンク子会社のソフトバンクテレコムやJTB沖縄、電通などに委託する。2年計画で、2012年度の本格運用を目指す。

　沖縄県観光振興課は「沖縄の観光は通訳を雇う余裕がない中小・零細事業者が担っていることが多い。外国人観光客のコミュニケーションに役立てば」としている。同県は将来、外国人観光客100万人の受け入れ（09年度実績は約24万6000人）を目指している。

　観光庁は16年までに訪日外国人旅行者2000万人、将来は3000万人を呼び込む計画。ただ、地方を中心に「言葉の壁」があり、外国人が旅行しにくいとの問題が指摘されている。

（フジサンケイビジネスアイ：2010年9月10日）

あとがき

　武芸や華道の世界に「守・破・離」という言葉があります。これは上達のステップを表すもので、まずは師匠の門に入って教えを「守」ることで型を身につけ、次に型を「破」って自分なりの発展を試み、最後は型から「離」れて、独自の型を作り出すということを意味します。

　「この道筋はビジネスの世界でもまったく同じだ」と大前研一はいいます。空手や剣道と同じように、問題解決力を身につける道は、基本の型を守ることから始まります。この基本の型こそが、ロジカルシンキングの基礎となっている「ピラミッドストラクチャー」や、「ミーシー（MECE）」と呼ばれる、それぞれがダブることなく（Mutually Exclusive）、それでいてもれなく全体を表す（Collectively Exhaustive）思考法にあたります。

　大前研一自身もマッキンゼーに入社したての頃、まさにこのような「型」を身につけることからスタートしました。そして「守破離」のプロセスを経て、地域国家論や新資本論という独自の型を作り上げました。

　このように型破りな発想をするためには、まずは型をしっかり身につける訓練が必要です。そしてその最初のステップは「見習う」ことです。

　「大前研一ライブ」では、大前研一自身が毎週さまざまな問題に挑み、自分なりの解答をテレビで解説しています。最初のうちは「あんな発想をするのは到底無理だ」「大前さんだからできるんだ」と思われるかも知れません。またテーマによっては「私は製薬業界だから、住宅産業のことは関係ない」「食品メーカーの研究者だから、生命保険業界のことなんて知らない」と思われるかもしれません。しかし、100本ノックのように大前研一の解説を毎週見ているうちに、そこに一貫した分析の手法や、経営コンサルティング業界のトップランナーとして走り続けてきた発想の原点や哲学があることに気付くはずです。

　RTOCSを通じて大前研一が伝えようとしているものは「結果」ではなく、このような思考のプロセスです。本書ではその一部をご紹介しましたが、ぜひこれをきっかけに、我々と一緒に「守」から「破」「離」へと続くマスタリー（熟達）の道へと踏み出していただければと願ってやみません。大前研一ライブDVDをはじめ、BBTプログラムでは、そのきっかけをさまざまな形で提供しています。

［ボンド大学大学院 BBT-MBA プログラム　若林 計志］

継続率 90%以上。
価格以上の価値を実感できる実践講義

「大前研一ライブ」がDVDで自宅に届く

初回お試し 1,050円
（詳しくはHPにて）

大前研一ライブとは

「大前研一ライブ」は、世界的に有名な経営コンサルタントの大前研一が、その週に起こった日本や世界の主要なトピックやキーとなるニュースを、独自の問題解決の視点と分析力で読み解いていきます。**地上波ではなかなか放送できないニュースの本質や裏側、隠された因果関係を明らかにし、それらが個人や企業に与える影響を詳しく解説します。**また注目企業の業績・動向・施策を取り上げ、その意味合いや本質的問題点、成功の鍵を明らかにします。知る人ぞ知る完全会員制のビジネス・経営専門チャンネル「ビジネス・ブレークスルー」の看板番組として、スポンサーなしの本音トークで真実に迫ります。

普段からテレビや新聞で見慣れているニュースを、大前の頭脳に映る世界と見比べることで、だんだんと本質的なものの見方が身に付いてきます。

ビジネスパーソンには「仕事」の羅針盤として、個人事業主の方には「事業戦略」の参謀として、また政治や経済の指南役、資産運用・防衛・形成のアドバイザーとして、ぜひ本番組をご活用ください。

「BBT on DVD」大前研一ライブ 宅配サービスとは

「BBT on DVD大前研一ライブ」宅配サービスとは、ビジネス・ブレークスルー757chにて毎週日曜日の夜8時から放送される「大前研一ライブ」をDVDに収録し、ご自宅にお届けします。

会員プラン	月額料金	配送	その他
まずは試しに 月1回プラン	¥3,800(税込)	第1週放送分	
お手軽な 月2回プラン	¥5,500(税込)	第1・3週放送分	初月無料キャンペーン
欠かさず見る 月フルプラン	¥12,000(税込)	各月すべての放送分	BBT特典映像 月1本（無料にて1年間視聴可能）

送料・入会金は¥0　メール通達便でご自宅のポストに届きます。

詳細は
http://bbtondvd.com

携帯電話でQRコードを読み取ることで簡単に携帯サイトにアクセスできます。

B: BUSINESS BREAKTHROUGH

THE OHMAE REPORT

大前研一通信 &CD-ROM縮刷版

大前研一の発信が凝縮した 唯一の月刊情報誌

大前研一通信は、最新のビジネスに直結するテーマはもちろん、政治・経済、家庭・教育の諸問題からレジャーまで、各方面の読者の皆様から「目から鱗」と多くの支持をいただいている大前研一の発言や論文をまるごと読むことができる唯一の会員制月刊情報誌です。

「PDF版」、「送付版」、「PDF＋送付版」の3つの購読形態があり、ネットで参加出来るフォーラム「電子町内会（エアキャンパス）」のご利用も可能。

特にPDF会員の方には、エアキャンパス内での記事速報もご覧いただけます。

激動するビジネス・社会の諸問題に鋭く切り込み、ブレークスルーする処方箋まで具体的に提示する記事など、これからの見えない大陸、激変する時代の羅針盤として、まずは「大前研一通信」のご購読をお勧めします！

■大前研一通信 CD-ROM 縮刷版
（2003 年度版〜2007 年度版）

各年度版とも、大前通信1月号〜12月号までの大前研一が発信するほぼ全ての編集記事を一枚のCD-ROMに完全収録！
フリーワードでの検索も可能なので、気になる記事のチェックや情報整理に役立ちます！
※著作権の都合上などにより、一部記載されていない記事等があります。

■電子町内会（エアキャンパス）

電子町内会（エアキャンパス）では大前通信の掲載記事に関する意見交換やさまざまな社会問題について、読者のみなさまが大前研一といっしょに考え、議論する場になっています。

大前研一流の思考方法をゲット!!

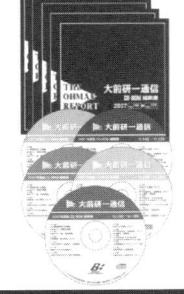

サービス内容／購読会員種別		PDF会員	送付会員	PDF＋送付会員
大前研一通信（お届け方法）	PDF版ダウンロード5日発行にて専用URLにUP	○		○
	印刷物 10 日発行		○	○
エア・キャンパス AirCampus	・大前研一通信記事紹介閲覧(PDFデータ等での)速報	○		○
	・フォーラム参加(ディスカッション参加・閲覧)	○	○	○
	・ニュース機能（ RSSリーダーで情報を入手)	○	○	○

THE OHMAE REPORT 大前研一通信

http://www.ohmae-report.com/

■お申込・お問い合わせ先
大前研一通信事務局 〒101-0022
東京都千代田区神田練塀町3番地
富士ソフトビル 19F
フリーダイヤル
0120-146086　FAX:03-5297-1781
E-mai:customer@bbt757.com

問題解決力トレーニングプログラム

BBT University

現代を生きる日本人だから学んでほしい　世界に通用するビジネスパーソンの思考

問題解決必須スキルコース

問題解決力とは

「本当は何をしたらよいか、何をすべきか分からない・・・。
それにも関わらず、とりあえず場当たり的に、何となく解決策を考え
その場をしのいでしまう。」

このようなことはないだろうか？

ビジネスや生活などの、あらゆる場面で起きる
"問題"に対して、論理的に考える"型"を持って臨む。
これが"問題解決力"だ。(「何となくの解決策」は解決策ですらない！)

そもそも常に問題に答えがあるとは限らない。
答えをすぐ求める問題ならばインターネット検索で調べればよい。

現代は過去の常識が通用しない、答えのない世界だ。
ゆえに答えのない問題に対して自らのアタマを使って答えを導く力、
"問題解決力"を持った人間こそ、これからの時代大きな価値があるのだ。

日本で、そして世界で通用したいと考えるなら、まずこの問題解決力を身に
付けることから始める必要がある。

「問題解決必須スキルコース」講義映像の一部と、コラムをお届け
オープンスクール5日間メール

オープンスクール5日間メールでは、
「問題解決必須スキルコース」の講義内容や実際の講義を一部抜粋し、講義映像、
コラムの形で、5回にわたってメールにてお届けいたします。

　　　　　　　　　問題解決5日間メール　検索

お問い合わせ先・お申し込み先

ビジネス・ブレークスルー大学院大学
オープンカレッジ
問題解決力トレーニングプログラム

〒101-0022
東京都千代田区神田練塀町3番地 富士ソフトビル19階

HP：https://www.lt-empower.com/
Tel：0120-483-818　(携帯電話からも可)
(平日 月〜金　9：30〜18：30)
E-mail：kon@lt-empower.com

Business Breakthrough 757Ch
構想し、決断し、そして行動するためのエッセンスがここに!

大前研一総監修の双方向ビジネス専門チャンネル(スカイパーフェクTV! 757ch):ビジネス・ブレークスルー(BBT)は、大前研一をはじめとした国内外の一流講師陣による世界最先端のビジネス情報と最新の経営ノウハウを、365日24時間お届けしています。6000時間を超える日本で質量ともに最も充実したマネージメント系コンテンツが貴方の書斎に!

TEL:0120-576-541 URL: http://bb.bbt757.com/

2010年10月より、BBT757Chの番組をiPhone, iPod touch, iPadからもご視聴いただけるようになりました! これにより通勤中、移動中においてもますます気軽にBBTの番組がご覧いただけるようになります。詳しいご視聴方法などについては、以下のURLからご確認下さい。

⇒ http://bb.bbt757.com/acmobile.html

BBT ラーニングマーケット
BBT LEARNING MARKET

まとまった時間を確保できない多忙な方でもラーニングマーケットのビジネス講座なら、講義時間"1時間"の講座も多数ご用意していますので「学びたい!」と思ったその瞬間に、受講を開始することができます。

お勧め講座

- **【情緒価値を作るブランディング】　講師:関橋英作**
「キットカット」を見事に再生させたクリエイティブ戦略家、関橋英作氏がブランドに感情を通わせるプロセスについて解説します。

- **【企業の決算書から学ぶ会計入門】　講師:田中靖浩**
外資系コンサルティング会社で修行を積み、公認会計士として独立後は、執筆や講演活動を通じて経営・会計の基本から最新動向を真面目に、ときには笑いを交え変幻自在に解説する田中靖浩氏を講師に迎え、全6回で会計の基礎をマスターします。

TEL0120-576-541 URL: http://market.bbt757.com/

グローバル時代を生き抜くためのMBA

ビジネス・ブレークスルー大学大学院
経営学研究科
経営管理専攻・グローバリゼーション専攻

本大学院のMBA教育では、直面する経営課題を自ら克服し、社運をかけたプロジェクトに挑戦できる、企業の中でリーダとして即戦力になる人材を育成します。

両専攻の1年次は共通で経営管理の基礎を学び、2年次からマネジメントをより体系的に学ぶ「経営管理専攻」と全英語でグローバル化の勘所を学ぶ「グローバリゼーション専攻」に分かれます。

ビジネス・ブレークスルー大学大学院の特徴

1. 社会人を対象とした経営大学院
   ㈱ビジネス・ブレークスルー独自の遠隔教育システム（AirCampus®）によるオンデマンド方式でいつでもどこでも受講が可能なため、企業に在籍したままMBAの取得が可能です。さらに iPhone, iPod touch, iPad にダウンロードし移動中にも講義の視聴が可能です。

2. 即戦力となる実践的カリキュラム
   大前研一学長を始め、各業界の第一線で活躍する実務家が講義を行うので、学んだ翌日から仕事に生かせる講義内容となっています。

3. 学習効果が高い遠隔教育システム（AirCampus®）
   双方向性の高い独自の遠隔教育システムを利用し、教授と学生が毎日議論することにより、高いレベルの知の共有が可能です。

募集人員：春期(4月1日開講) 経営管理専攻・グローバリゼーション専攻　100名
　　　　　秋期（10月1日開講）経営管理専攻のみ　100名
募集に関する詳細は本大学院ホームページで：http://www.ohmae.ac.jp

お問合せ先・資料請求
ビジネス・ブレークスルー大学大学院　事務局　03-5860-5531（平日9：30－17：30）
E-mail：bbtuniv@ohmae.ac.jp

夢を実現したいと考えているあなたへ！

- 一度きりの人生、ビジネスで成功したい
- 高卒で働いているけど、他の大卒に負けたくない
- 子育てしているけど、もう一度働きたい
- 病気をしてしまったけど、復帰したい
- 人生サボってきたけど、やりなおしたい
- エリート街道から外れたけど、もっとできるはず
- 会社で働いているけど、実現したい夢がある
- 好きなことを続けて成功したい

中心：**夢を実現したい！**

大前 研一 ビジネス・ブレークスルー大学学長

見習うべき国も減り、見習うべき企業も減り、見習うべき人も減った。今後50年は、人口も減り、企業数も減り、新興国が追い上げ追い越していく。このままでは、ただでさえ国土の小さい日本は、規模も存在感も小さくなる。私は、そんな時代を生きる日本の若い人達に、偉そうにteach（教える）しようなんて思ってはいない。答えのない時代にあたかも答えがあるかのように教えるteachというのは、20世紀、いや19世紀のやり方だ。21世紀の大学は、能動的にLearn（学習）し突破する答えを見つけ、それを熱くサポートする仲間と教師が世界中にいてオンラインで結ばれている。そんな大学を日本に一つくらい創らなければ、若者に未来はないと思う。

あなたの人生を逆転させる大学、あなたの夢を実社会で実現させる大学

ビジネス・ブレークスルー大学

日本初！ 通学不要 100％オンラインで経営学の学士を取得できる大学

BBT大学 検索

グローバル経営学科
企業や経営分野での活躍を目指します！
国際社会で活躍できる経営人材の輩出を目的とし、経営学の基礎はもちろんのこと、実在の企業の経営方法などについても考察、英語によるビジネス・コミュニケーションを通して国際社会で活躍できる経営人材としてのスキルとセンスを身につけます。企業や会社の経営分野での活躍を目指す方に最適なカリキュラム内容です。

ITソリューション学科
ITと経営を融合するリーダーとしての活躍を目指します！
国際社会で活躍できるITソリューション人材の輩出を目的とし、ITの基礎知識はもちろんのこと、経営者視点でITのソリューション提案ができるスキルとセンスを身につけます。将来、システム開発のプロジェクトマネージャーとしてリーダーシップを発揮したり、ITソリューションを通じて、経営に変革をもたらすことを目指す方に最適なカリキュラム内容です。

経営学部／グローバル経営学科、ITソリューション学科
ビジネス・ブレークスルー大学
〒101-0022 東京都千代田区神田錦町3番地 富士ソフトビル19F
〈設置準備室〉03-5860-5544（受付時間／平日9:30～17:30）

お問い合わせ 0120-970-021
(E-mail) bbtcampus@ohmae.ac.jp
(URL) http://bbt.ac (PCサイト) http://m.bbt.ac (携帯サイト)

大前研一学長総監修
株式・資産形成講座

BBT University

大前研一が世界最適運用を伝授！
1年間で徹底的に国際分散投資を学びませんか？
ホームページにて無料講義映像視聴可能！

株式・資産形成講座とは？

この「株式・資産形成講座」は、単に儲かる金融商品や手法を教えるものではありません。その理由は、資産運用には唯一の明確な解が存在しないためです。

資産運用は、これまでの学校教育のように、ただ答えを覚えればよいというものではなく、正確な知識や考え方を身につけ、自ら判断できる力を養うことによって出来るようになるものです。

資産運用・資産形成はあなたの人生設計においてとても重要なものです。

だからこそ、私たちは日本国内の投資にとどまらない世界レベルの資産運用を学べる環境をご用意しました。

このプログラムを1年間かけてじっくりと勉強し、精神的にも経済的にも豊かな人生を手に入れてください。

講座の特長

- **専門家によるサポート体制**
  金融の専門家がティーチングアシスタントとして参加。あなたの悩みや講座の進行をサポートいたします。

- **資産形成について意識の高いネットワーク**
  志や向上意欲の高い方々が受講されています。その方々と、受講中はもちろんのこと、修了した後も継続して学ぶネットワークシステムをご用意しております。

- **国内外の金融知識の全てが学べる**
  基礎から応用・実践までを網羅した教材。しかも金融機関に属さない中立の立場として、金融業界の裏側まで、徹底的に学んでいきます。

- **インターネットでいつでも・どこでも・何度でも**
  ブロードバンド環境さえあれば、時と場所は選びません。わかりにくかったところを戻って復習するなど、期間中は何度でもご視聴いただけます。

向上意欲の高い仲間と学ぶ 充実した一年間

学習ステージ	入門編　6ヵ月後	実践編　12ヵ月後
目的	資産運用に関する正しい考え方、商品知識を理解した上で、人生設計に根ざしたアセットアロケーション（資産分散）を行えるようになる	国内外の金融商品について、商品性から購入方法までを知り、リスクを理解して投資行動ができるようになる
主な取り組みテーマ	・資産運用の考え方・個人のバランスシート ・投資信託・債券・個別株式・保険 ・確定拠出型年金（401k） ・アセットアロケーション（資産分散）	・投資の実践・海外の魅力的な商品（ファンドなど） ・国際分散投資・経済を見る視点・税制 ・ヘッジファンド、オルタナティブなど ・外国為替、コモディティー・オフショアとの付き合い方 ・世界最適運用

※講義の内容は変更になる場合がございます。予めご了承ください。

お問い合わせ先・お申し込み先

ビジネス・ブレークスルー大学
オープンカレッジ

株式・資産形成講座事務局
〒101-0022
東京都千代田区神田練塀町3番地
富士ソフトビル19階

http://www.ohmae.ac.jp/ex/43/
○:0120-344-757　（携帯電話からも可）

（平日　月～金 9:30～17:30）

E-mail: opencollege@ohmae.ac.jp

講座の趣旨

本講座は、トップ・コンサルタント大前研一の戦略的思考を体系化し、激動の時代に生き残るためのビジネス力を養成するための講座です。今まで経験したことのない問題が次々と発生する「答えなき時代」。経験の積み重ねや現状の改善といった取り組みとは全く違ったアプローチが必要になると感じたことはありませんか？いっそ従来のやり方を根本から見直し、全く新しい視点から解決策を見出す力をつけることが必要なのです。「大前研一イノベーション講座」は、自分自身をリブートする覚悟と、そのための訓練を積み重ねる学習意欲を持った方のための講座です。

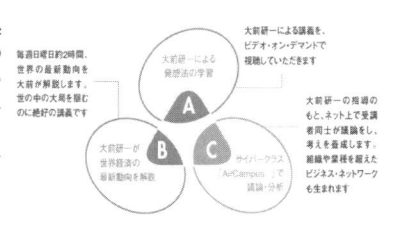

詳しくは、当プログラムWEBサイトへ
http://www.ohmae.ac.jp/ex/koi/

ビジネス・ブレークスルー大学　オープンカレッジ
大前研一イノベーション講座事務局
0120-344-757　　E-mail：opencollege@bbt757.com

大前研一 から世界で活躍を目指すビジネスパーソンへ・・・

実践ビジネス英語講座
~Practical English for Global Leaders~

社内公用語が英語になったとき あなたは生き残れるのか？

講座の特徴

①	結果の出せるコミュニケーション力が身につく
②	国際スタンダードの論理思考を習得
③	初級・中級・上級まで英語レベルで選べる3コース
④	大前研一総監修

本講座のメルマガ「グローバルリーダーへの道」に登録するだけで、大前研一はじめ一流講師陣によるグローバルリーダーになるための講義映像を毎月無料プレゼント！

登録は今すぐHPから → http://www.ohmae.ac.jp/ex/english/   大前研一 英語 検索

ビジネス・ブレークスルー大学 オープンカレッジ英語教育事務局
〒101-0022 東京都千代田区神田練塀町3番地 富士ソフトビル19階
TEL: 0120-344-757／03-5860-5533（平日 月～金 9:30～17:30）
Email: opencollege@ohmae.ac.jp

BBT University

大前研一が直接指導する
大前経営塾

大前経営塾とは、
日本企業の最重要課題や経営者として求められる能力について、大前研一の講義や実際の経営者の話を映像で受講し、その内容について徹底的に議論しながら、経営者としての総合的な視点、思考力、コミュニケーション力を身につけるプログラムです。

1．経営者マインドの認識

「経営者講義」最新のグローバル戦略やリーダーシップ論など大前研一による「現代の経営戦略」等の映像講義を通じて、経営者として本来意識すべきマインドを植え付ける。

2．経営者としての能力開発

新しいビジネスモデルの潮流や経営者としての意思決定の方法など、経営者としての「新しい能力を身につける」と共に、毎週2時間の「大前研一ライブ」により、当事者としての視点で訓練を行うことで、問題解決力・意思決定力・構想力などの能力を育成する。

3．他流試合を通じての実践

遠隔教育ソフト「AirCampus®」を用いて、自分の考えや意見を発信することで、学んだ能力を試すことができると共に、他者と議論を交わすことで視点の異なる考え方・発想に触れ、自身の視野・視点を拡げる。また、修了後もプログラムメンバーと交流することで、質の高いネットワークを築く。

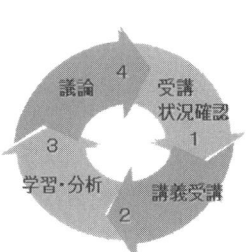

受講（映像講義・書籍） → AirCampus®上で議論 → 課題提出 小論文作成 → 修了

◆受講期間　１年間　毎年４月／１０月開講

◆特　　典　講義映像視聴用機器、BBT757ch（CSとブロードバンド）の
　　　　　　１年間視聴、大前研一通信（データ版）１年間無料購読 ほか、
　　　　　　セミナー＆人材交流会にご招待！

ビジネス・ブレークスルー　大前経営塾事務局

〒101-0022　東京都千代田区神田練塀町３ 富士ソフトビル
E-mail: keiei@bbt757.com　　URL：http://www.bbt757.com/keiei

大前研一のアタッカーズ・ビジネススクール

☎ 03-3239-1410
東京四ツ谷で開講　通信料は全国受講料可能

　大前研一のアタッカーズ・ビジネス(以下：ABS)は1996年に大前研一が設立したビジネススクールです。今までに5,500名を超える受講生の方々、実践的なビジネススキルを磨き、多方面で活躍をされています。起業や社内新規事業を目指される方も多く、実際に700社以上の会社が当スクールの受講生より立ち上がり、mixi、ケンコーコムなど株式上場を果された企業も多く存在しています。

　ABSでは様々な方々が新たなステージに向けて、ご自身を磨いています！ABSは皆さまの"**踏み切り版**"であり、そしてビジネスライフをより充実したものへ進化させるためのターニングポイントにしていただきたいと願っています。

■ABSのカリキュラムには2つのコースがあります

◆重要度の高いビジネススキルを磨くコース
- 開講月　　　：1月末、5月末、9月末
- 開講講座数：　毎期7講座
- 学習期間　：　約3ヶ月間

◆起業や社内新規事業の立上げに特化したコース
- 開講月　　　：1月末、7月末
- 開講講座数：　毎期1講座
- 学習期間　：　6ヶ月間

■学習スタイルも2つのパターンをご用意しております
- ◆東京の四ツ谷校に通学していただくクラス ＝ 本科
- ◆全国(全世界)から受講可能な通信クラス ＝ 通信科

講座カリキュラム
CURRICULUM

アタッカーズ・ビジネススクールのカリキュラムは、座学のみではなく、現場現実そして未来を見据え、より実践的な方法でビジネス力を理論的かつ創造的に磨き上げていきます。

また既存のやり方にこだわらず、新たな手法や手段を自ら創り出せるような思考・行動様式に至るまで徹底的にトレーニングしていきます。

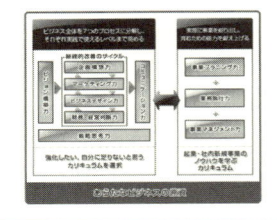

EQコース
Entrepreneurial Quality Course
実践力を身に付ける7つの講座

個々のビジネススキルを高めます！
これから7つスキルが新たなビジネスを創る要素となる

マインドセット	コンセプチュアル	ストラテジー
1. ビジョン構築力 アントレプレナーシップ講座	3. 企画構想力 メタビジネス企画発想講座	5. 財務・経営判断力 計数マネジメント力養成講座
	4. 感性マーケティング力 感性マーケティング講座	6. コミュニケーション力 ビジネスコミュニケーション講座
	2. ビジネスデザイン力 ビジネスモデル創造講座	7. 戦略思考力 戦略思考講座

BOコース
Business Opportunities Course
起業・社内新規事業に特化した講座

あなたの事業プランを立ち上げます！
スタートアップ経営のノウハウを学び、事業を立ち上げ拡大を図る

経営ノウハウ	プランニング
	事業立ち上げのノウハウ＋事業プランの作り方 09年後期 ベンチャー事業計画講座
	既存事業の飛躍的な展開を図る 成長戦略講座

◆大前研一のアタッカーズ・ビジネススクール
東京都千代田区六番町1－7　Ohmae@workビル　URL：http://www.attackers school.com/
電話：03－3239－1410　メール：abs@bbt757.com
「いつか」を「いま」へ　あなたの挑戦を待っています！

ボンド大学大学院ビジネススクール
－BBT MBAプログラム－

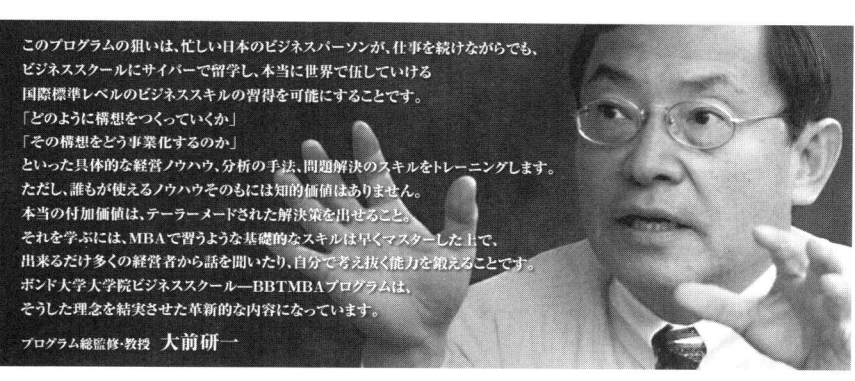

このプログラムの狙いは、忙しい日本のビジネスパーソンが、仕事を続けながらでも、
ビジネススクールにサイバーで留学し、本当に世界で伍していける
国際標準レベルのビジネススキルの習得を可能にすることです。
「どのように構想をつくっていくか」
「その構想をどう事業化するのか」
といった具体的な経営ノウハウ、分析の手法、問題解決のスキルをトレーニングします。
ただし、誰もが使えるノウハウそのものには知的価値はありません。
本当の付加価値は、テーラーメードされた解決策を出せること。
それを学ぶには、MBAで習うような基礎的なスキルは早くマスターした上で、
出来るだけ多くの経営者から話を聞いたり、自分で考え抜く能力を鍛えることです。
ボンド大学大学院ビジネススクール―BBTMBAプログラムは、
そうした理念を結実させた革新的な内容になっています。

プログラム総監修・教授 大前研一

日本、そして世界が激動している今こそ「再起動」のチャンスだ
国際標準のスキルを身につけ、世界で勝負せよ。

名門ボンド大学がMBA授与
ボンド大学は、オーストラリア・クィーンズランド州にキャンパスを置く私立総合大学です。現地の権威のある大学ガイド誌「2008 The Good University Guide」において、総合1位にランクされています。本プログラムでは修了時に、現地大学院生とまったく同じ、修士号(Master of Business Administration)を授与します。

使える英語力を習得
カリキュラムの半分は英語で構成。アカウンティング・ファイナンス、交渉術など、国際ビジネスの現場で使いこなすことが必須となる科目を英語で学ぶことができます。すべての英語科目には、トランスクリプト(講義字幕)を提供し、さまざまな手法で英語力のアップを強力にサポートします。

場所や時間を選ばず参加
独自のディスカッションシステム(Air Campus)を活用し、締切期間内に、都合に合わせてフレキシブルに受講可能です。実際の企業事例を題材にした議論、4～5名で行うサイバーグループワークなど、独学ではなく、講師陣やクラスメートとつねに学びあいながら学習を進めていきます。

気鋭のベスト講師陣が講義
大前研一(マッキンゼージャパン前会長)をはじめ、経営コンサルタント、経営者、ビジネススクール等で活躍する気鋭の講師陣が映像(衛星放送・ブロドバンド動画)を通じて講義します。また、英語科目は現地ボンド大学の教授が講義。教室さながらの指導は、映像とインターネットを組み合わせて行います。

海外ワークショップに参加
卒業までにボンド大学にて実施される約1週間のワークショップに参加する必要があります。交渉術やプレゼンテーションなどの科目を学習し、2回目の参加時には卒業論文となるビジネスプランのプレゼンテーションの審査を実施します。ワークショップは年3回実施され、好きな時期を選んで参加可能です。

講師によるリアルセミナー
通常の授業はインターネット上で行われますが、定期的に講師による集合型のセミナーも実施しています。このような機会を通じて講師やクラスメートとの親睦を深めることができます。また参加できなかった学生は、後日動画でセミナーの模様をご覧いただけるようになっています。

バーチャルクラス
1週間単位で好きな時間に議論に参加できるオンラインディスカッションに加え、ビデオ会議システムを利用した"バーチャルクラス"も実施しています。土・日などビジネスパーソンが参加しやすい時間に開催され、科目履修者が一斉にアクセスし、ビジネスケースについての議論や質問がリアルタイムで行われます。録画履歴も見ることができます。

自宅のテレビで卒業式
卒業式は現地のキャンパスで行われる卒業式に参加することができます。出席者は壇上で卒業証書を受けることができ、当日参加できない卒業生は、壇上で自分の名前が呼ばれ、プロジェクターで顔が映し出されます。後日宅急便にて、卒業証書と卒業式の映像がご自宅に届けられます。

お問い合わせ先
〒101-0022 東京都千代田区神田錦町3番地 富士ソフトビル19F
(株)ビジネス・ブレークスルー Bond-BBT MBAプログラム事務局
0120-386-757 MAIL ▶mba@bbt757.com
(携帯電話からもお電話可能です。お気軽にお問い合わせください。)

http://www.bbt757.com/bond

◎編著者プロフィール

大前研一（おおまえ けんいち）

1943年、北九州市生まれ。早稲田大学理工学部卒業。東京工業大学大学院で修士号、マサチューセッツ工科大学大学院で博士号を取得。経営コンサルティング会社マッキンゼー＆カンパニー日本社長、本社ディレクター、アジア太平洋会長等を歴任。94年退社。96〜97年スタンフォード大学客員教授。97年にカリフォルニア大学ロサンゼルス校（UCLA）大学院公共政策学部教授に就任。
現在、株式会社ビジネス・ブレークスルー代表取締役社長。オーストラリアのボンド大学の評議員（Trustee）兼教授。
また、起業家育成の第一人者として、2005年4月にビジネス・ブレークスルー大学院大学を設立、学長に就任。02年9月に中国遼寧省および天津市の経済顧問に。また04年3月、韓国・梨花大学国際大学院名誉教授に就任。『新・国富論』『平成維新』『新・大前研一レポート』等の著作で一貫して日本の改革を訴え続ける。
『この国を出よ』『民の見えざる手』（小学館）『「知の衰退」からいかに脱出するか』（光文社）『大前の頭脳』（日経ＢＰ社）など著書多数。

企画・編集　大前研一通信・BBT ON DVD／小林豊司
BBT ON DVD／若林計志（BOND大学）、板倉平一（問題解決力トレーニングプログラム）
ブックデザイン　溝部雅一
本文デザイン・ＤＴＰ　小堀英一
ＤＶＤ制作　石川将嗣・髙田恒一郎
出版協力　財津正人／平野光城／林幹久／乙幡奈緒子／吉田薫

慧眼
問題を解決する思考
大前研一通信・特別保存版 Part. IV

2010年11月12日　初版発行

編著者　大前研一／ビジネス・ブレークスルー出版事務局

発行者　株式会社ビジネス・ブレークスルー
発行所　ビジネス・ブレークスルー出版
　　　　東京都千代田区神田練塀町3番地
　　　　　富士ソフトビル19階（〒101-0022）
　　　　TEL 03-5860-5535　FAX 03-5297-1781

発売所　日販アイ・ピー・エス株式会社
　　　　東京都文京区湯島 1-3-4（〒113-0034）
　　　　TEL 03-5802-1859　FAX 03-5802-1891

印刷・製本所　株式会社シナノ

© Kenichi Ohmae　2010　printed in Japan
ISBN978-4-930774-84-2